LOS PELIGROS DE LA FE SUPERFICIAL

Libros de A.W. Tozer publicados por Portavoz:

Adoración: La razón por la que fuimos creados

El Consejero: Una conversación franca sobre el Espíritu Santo

Cultura: La vida en este mundo como ciudadanos del cielo

Deléitate en Dios

Diseñados para adorar

Este mundo: ¿campo de recreo o campo de batalla?

Fe auténtica

Una fe incómoda

Fe más allá de la razón

Jesús: La vida y el ministerio de Dios Hijo

Lo mejor de A.W. Tozer, Libro uno

Lo mejor de A.W. Tozer, Libro dos

Oración: Comunión con Dios en todo

Los peligros de la fe superficial

El poder de Dios para tu vida

¡Prepárate para el regreso de Jesús!

La presencia de Dios en tu vida

La verdadera vida cristiana

Y Él habitó entre nosotros

A. W. TOZER

Compilado y editado por James L. Snyder

LOS PELIGROS DE LA FE SUPERFICIAL

¡DESPIERTA DEL LETARGO ESPIRITUAL!

EDITORIAL PORTAVOZ

Título del original: *The Dangers of a Shallow Faith* © 2012 por James L. Snyder y publicado por Regal, de Gospel Light, Ventura, California, USA. Traducido con permiso.

Edición en castellano: *Los peligros de la fe superficial* © 2015 por Editorial Portavoz, filial de Kregel Publications, Grand Rapids, Michigan 49505. Todos los derechos reservados.

Traducción: Daniel Menezo

EDITORIAL PORTAVOZ
2450 Oak Industrial Dr. NE
Grand Rapids, MI 49505 USA
Visítenos en: www.portavoz.com

ISBN 978-0-8254-5614-5 (rústica)
ISBN 978-0-8254-6409-6 (Kindle)
ISBN 978-0-8254-8543-5 (epub)

4 5 6 edición / año 30 29 28 27 26 25

Impreso en los Estados Unidos de América
Printed in the United States of America

CONTENIDO

El mensaje de A. W. Tozer que estás a punto de leer es algo que muchísimas personas en la iglesia moderna tienen que escuchar. Dios nos ha llamado a caminar en una profunda intimidad con Él, pero muchos de nosotros no hacemos más que rozar la superficie. Este libro no solo identifica algunos de los problemas que quizá limiten nuestra vida en Cristo, sino que también nos anima a conocer a Dios más plenamente. La verdad de las palabras de Tozer nos exhortará a no conformarnos con nuestro entendimiento actual de Dios. Hay un fuego que Dios quiere encender y reavivar en nosotros para que busquemos el misterio de su voluntad (ver Ef. 3:9), que ha prometido revelar a quienes lo busquen.

Cada vez que ordeno a un ministro o un pastor para fundar una iglesia, leo estas palabras que A. W. Tozer oró el día en que fue ordenado:

Soy tu siervo para hacer tu voluntad, y esa voluntad es para mí más dulce que la posición, las riquezas o la fama, y la prefiero por encima de todas las cosas en la Tierra o en el cielo. Aunque me has elegido y me has honrado con un llamado alto y santo, no permitas que olvide jamás que no soy más que un hombre de polvo y de ceniza, un hombre con todas las lacras y pasiones naturales que afectan a la raza humana. Por lo tanto, te ruego, mi Señor y Redentor, que me libres de mí mismo y de todos los perjuicios que podría causarme en mi intento de ser bendición para otros. Lléname de poder por el Espíritu Santo, y caminaré en tu fortaleza, y contaré de tu justicia y solo de la tuya. Procla-

maré el mensaje del amor redentor mientras esté en pleno uso de mis facultades.

Incluso esta breve porción de la oración de Tozer expresa la humildad con la que abordó su llamamiento. No hay una actitud mejor con la que aventurarse en el ministerio que con la profundidad sobria, pero llena de fe, de Tozer. Muy pocos hombres de Dios en la historia han podido explorar hasta tal punto la profundidad de Dios mientras, al mismo tiempo, han disfrutado de las alturas de su amor.

Sin embargo, las obras de Tozer no son solo para ministros. Recomiendo este libro a cualquier persona que tenga un corazón conforme al de Dios. El reverendo James Snyder ha hecho un trabajo magistral al recopilar estas obras, y le doy las gracias por haberlas dotado de una forma que se podrá conservar para las generaciones venideras. Estas son palabras que no deberían perderse en los archivos de la historia, sino que deben seguir proclamando la verdad relevante en nuestra iglesia contemporánea.

Ruego al Señor que Él te bendiga y te exhorte a comprender la profundidad de Cristo mientras lees este libro.

Con amor en Cristo,

Pastor Gary Wilkerson
Presidente de *World Challenge, Inc.*
Pastor principal de *The Springs Church* en
Colorado Springs, Colorado

UN AUTÉNTICO PROFETA DE LA IGLESIA

A lo largo de la historia, la Iglesia se ha visto inundada de profetas autoproclamados. Siempre que oigo hablar de personas así, no puedo por menos que pensar en el mandamiento de Dios a los israelitas en Deuteronomio 18:22: "Si el profeta hablare en nombre de Jehová, y no se cumpliere lo que dijo, ni aconteciere, es palabra que Jehová no ha hablado; con presunción la habló el tal profeta; no tengas temor de él".

Es peligroso que una persona afirme ser profeta. De todos los ministerios expuestos en las Escrituras, lo más fácil es discernir cuándo una persona no transmite un mensaje profético auténtico de parte de Dios. Quizá Pablo tenía esto en mente cuando escribió: "Asimismo, los profetas hablen dos o tres, y los demás juzguen. Y si algo le fuere revelado a otro que estuviere sentado, calle el primero. Porque podéis profetizar todos uno por uno, para que todos aprendan, y todos sean exhortados. Y los espíritus de los profetas están sujetos a los profetas; pues Dios no es Dios de confusión, sino de paz, como en todas las iglesias de los santos" (1 Co. 14:29-33).

Lamentablemente, hoy día parece que muchos miembros de la Iglesia aceptan a *cualquier* persona que se considere profeta. Están pendientes de todas las palabras que dice, independientemente de si lo que vaticina nunca llega a hacerse realidad. Lo que importa es la oratoria del momento. Sin embargo, los profetas que hallamos en las Escrituras pronunciaron unas palabras que sí se cumplieron. En el Antiguo Testamento, los profetas hablaron de cosas por venir, mientras que, en el Nuevo Testamento, fueron una especie de detectores de los problemas de la Iglesia, señalando los errores y las herejías, y luego ofreciendo la solución de un modo que encaminaba al grupo de creyentes de vuelta a Cristo. Veían con claridad, hablaban sin tapujos y pocas veces se lo agradecía nadie. Como dijo Jesús con tanta elocuencia: "No hay profeta sin honra, sino en su propia tierra y en su casa" (Mt. 13:57).

Por lo que respecta a este tipo de profetas, A. W. Tozer destaca sobre los demás. Empieza su libro afirmando que "me arriesgaré un poco y profetizaré". Nos dice que puede imaginar un momento venidero en que aquellos que están en la Iglesia abandonarán el movimiento evangélico; un momento cuando "la casa quedará desolada, y no habrá en medio de ellos un hombre de Dios, un hombre en quien habite el Espíritu Santo". Es pertinente decir que hemos vivido para ver cómo se cumple el principio de esta profecía. Y, desgraciadamente, como los profetas auténticos del pasado, la iglesia evangélica ha oído a Tozer pero no le ha escuchado.

La crítica que hizo Tozer de la Iglesia nunca se basó en la malicia, sino más bien en un amor profundo por el cuerpo de los creyentes en Jesucristo. Tenía una visión penetrante de la Iglesia, que estaba profundamente enraizada en la verdad bíblica (una verdad que no cambia con el paso del tiempo), y entendía que muchos de los problemas a los que se enfrentaba la Iglesia eran aquellos que ya padecieron sus antepasados unas generaciones antes. El predicador de la antigüedad dijo con razón en Eclesiastés: "¿Qué es lo que fue? Lo mismo que será. ¿Qué es lo que ha sido hecho? Lo mismo que se hará; y nada hay nuevo debajo del sol" (Ec. 1:9).

Por este motivo, cuando Tozer veía que dentro de una congregación pasaban cosas que él creía perjudiciales para el desarrollo espiritual de sus miembros, se encendía y hablaba valientemente contra ellas. Sin embargo, también señalaba siempre la salida. Llamaba al peligro por su nombre, y luego ofrecía al grupo al que acusaba una solución bíblica centrada en Cristo. Al escribir este libro, el meollo del peligro que Tozer percibía era una fe superficial que conducía al letargo espiritual. Este trastorno espiritual hacía que la Iglesia fuera vulnerable a los ataques del enemigo.

El remedio que proponía Tozer era tan drástico como exigía el problema espiritual de la Iglesia. Una de las cosas que subrayaba era el hecho de que el mundo influía demasiado en los cristianos, y que los creyentes debían separarse de él. Esta idea de separación del mundo se ha perdido en esta generación de cristianos. La Iglesia está tan inmersa en el mundo que la rodea que ambas esferas son, esencialmente, la misma. No obstante, Tozer admitía que a menos que los creyentes estuvieran separados del mundo, sucumbirían al letargo espiritual.

Tozer no podía aceptar una actitud juvenil entre los creyentes de la Iglesia. No podía tolerar a los cristianos que se aburrían fácilmente y buscaban entretenimientos para aliviar su tedio. Para Tozer, el entretenimiento no era otra cosa que la Iglesia que se sincronizaba con el mundo y sucumbía a él. Para él era absurdo que la Iglesia quisiera "ponerse al día" con el mundo a su alrededor. Según la forma de pensar de Tozer, una iglesia mundana era un contrasentido y un anatema flagrante.

A medida que leas este libro descubrirás que los problemas que Tozer señaló en su época siguen activos hoy. ¡Podemos decir con sinceridad que la Iglesia ya ha pasado por lo mismo antes! Por el motivo que sea, cada generación de cristianos cree que necesita "inventar la rueda" espiritual, pero Tozer pudo ver por encima y más allá de todo esto, porque no se concentraba en las tendencias pasajeras. Sabía que las modas vienen y van, y que, una vez que la gente se adapta a una tendencia, esta ya ha pasado, y hay otra a la vuelta de la esquina. Como los profetas de las Escrituras, veía con claridad y hablaba sin tapujos, y su evaluación de la Iglesia era correcta en su tiempo... y también en el nuestro.

Este libro no está lleno solo de negativismos, aunque tiene una buena cantidad. Sin embargo, en mitad de todo lo negativo existe una esperanza positiva para el alma sedienta de Dios.

Reverendo James L. Snyder

PRIMERA PARTE

LOS PELIGROS A LOS QUE SE ENFRENTA LA IGLESIA EVANGÉLICA

1

Al borde de la apostasía

*que tendrán apariencia de piedad, pero negarán la eficacia de
ella; a éstos evita. Porque de éstos son los que se meten en las
casas y llevan cautivas a las mujercillas cargadas de pecados,
arrastradas por diversas concupiscencias. Estas siempre están
aprendiendo, y nunca pueden llegar al conocimiento de la verdad.*

2 Timoteo 3:5-7

La iglesia evangélica en Estados Unidos se enfrenta a algunos
peligros graves que amenazan con llevarla al borde de la apostasía. Ruego a Dios que no sea demasiado tarde para un avivamiento que conduzca a una renovación eficaz.

Mi uso del adjetivo "evangélico" incluye a todas las iglesias
que son fundamentalistas, del evangelio pleno, de la santidad,
anabaptistas y pentecostales, es decir, todas las iglesias evangélicas que creen en la Biblia y proclaman a Jesucristo como único
Salvador del mundo. No tengo nada que decir a una iglesia distinta a estas.

Me sorprende cuán dividida está la iglesia evangélica en
Estados Unidos, lo cual me recuerda la tarta de manzana que
preparaba mi madre. Independientemente de lo estrechas que
sean las porciones, cada una cree que es mejor que el resto de la
tarta. A pesar de que la "tarta" incluye los mismos ingredientes,

pasa por el mismo proceso y se dora en el mismo horno, cada porción se siente superior a la de al lado.

Una estrofa del himno "Firmes y adelante", de Sabine Baring-Gould (1834-1924) lo dice como debería ser:

Muévese potente
la iglesia de Dios;
de los ya gloriosos
marchamos en pos.
Somos solo un cuerpo,
y uno es el Señor,
una la esperanza
y uno es nuestro amor.
(Trad. Juan B. Cabrera)

El significado de las palabras de este himno se centra en el punto en el que Dios quiere que ocupemos como su Iglesia en esta generación.

Permíteme que me arriesgue un poco y profetice. Veo llegar un tiempo en que todos los hombres santos cuyos ojos ha abierto el Espíritu Santo abandonarán el evangelicalismo mundano, uno tras otro. La casa quedará desolada, y no habrá un solo hombre de Dios, un hombre en el que habite el Espíritu Santo, entre todos ellos.

La maldición de la mundanalidad

Oigo a Jesús decir: "¡Jerusalén, Jerusalén, que matas a los profetas, y apedreas a los que te son enviados! ¡Cuántas veces quise juntar a tus hijos, como la gallina junta sus polluelos debajo de las alas, y no quisiste!" (Mt. 23:37). Tal y como está la Iglesia ahora, al hombre que percibe esta condición en que se encuentra el mundo evangélico mundano se le tacha de fanático. Pero llega el día en que la casa quedará desolada y no habrá un solo hombre de Dios en medio de ellos.

Me gustaría vivir lo suficiente para observar este proceso y ver cómo acaban las cosas. Me gustaría ver ese momento en que los hombres y mujeres de Dios (santos, separados e iluminados espiritualmente) saldrán de la iglesia evangélica y formarán un grupo propio; cuando abandonarán el barco que se hunde permitiendo que se vaya a pique en las aguas salobres de la mundanalidad, y construirán una nueva arca para capear la tempestad.

La Biblia no tiene ningún compromiso con el mundo. La Biblia tiene un mensaje para la iglesia evangélica, a la que llama de vuelta al hogar. La Biblia siempre nos envía al mundo, pero nunca para hacerle concesiones, ni a caminar como él lo hace, sino solo para salvar a todos los que sea posible. Esta es la única dirección.

Por lo tanto, amigo cristiano, si te estás acomodando, relajándote en tu mullido sofá y descansando en tu fe en Juan 3:16 y en el hecho de que has puesto tu confianza en Jesucristo, mejor será que te mires a ti mismo. Cuídate, no sea que también tú seas hallado falto. Vigila tu propio corazón, no sea que, cuando llegue el último momento, el mundo te haya encadenado.

Al echar la vista atrás sobre la historia de Israel en el Antiguo Testamento, no puedo menos que darme cuenta de que cada tercera generación tenía que desprenderse de todos los añadidos religiosos de la generación anterior y volver al original. Empezó con los Padres fundadores, que establecieron su nación sobre la Palabra clara del Señor. Los hijos de los Padres empezaron a dar por hecho ese fundamento, añadiendo elementos insustanciales mientras permitían que se fueran desdibujando los componentes esenciales. Entre los nietos encontramos una falta absoluta de respeto por los abuelos que establecieron Israel, desvinculando por completo a toda la nación israelita de su fundamento y sin tener para nada en cuenta la advertencia de los profetas: "No traspases los linderos antiguos que pusieron tus padres" (Pr. 22:28).

Buscaron otros dioses que satisfacían sus deseos en ese momento. Miraban con envidia a las naciones circundantes y empezaron a adoptar los dioses paganos de sus vecinos. Pronto también adoptaron la cultura de las naciones adyacentes, y resultaba difícil encontrar alguna diferencia entre un israelita y un filisteo.

Luego llegó la siguiente generación, cansada de las tonterías religiosas acumuladas con el paso del tiempo. Buscaron algo genuino; invariablemente se toparon con la Palabra de Dios y, en un acto de desespero, se libraron de toda la parafernalia religiosa que formó parte de la generación anterior. La generación más joven recuperó con grandes expectativas lo que en otro tiempo fuera poderoso y dinámico. Hoy día lo llamaríamos despertar o avivamiento. Un verdadero avivamiento o despertar conduce a una renovación drástica.

A menudo es la generación más reciente la que logra ver más allá del laberinto de engaño y corrupción y anhela algo genuino, que tenga sustancia. Esto no solo fue así con la antigua Israel, sino que también lo es con la Iglesia. La historia de la Iglesia manifiesta este patrón en casi todas las generaciones. Cuando se produjo un movimiento de Dios entre un grupo de personas, se sintieron tan llenos de deseos santos que los movimientos, a los que llamamos avivamientos o despertares, empezaron a arras- trar a hombres y a mujeres al reino de Dios.

Podría señalar a los valdenses, que iniciaron un movimiento en la Edad Media; a Martín Lutero y el gran movimiento de la Reforma en el siglo XVI; a Juan y Carlos Wesley, en el siglo XVIII. De su pasión ardorosa por Dios nació el gran movimiento llamado metodismo, que salvó a Inglaterra de una catástrofe nacional. Estos grandes movimientos no solo fueron propiedad de Dios sino que fue Él mismo quien les dio origen, quien halló corazones hambrientos de algo que solo Dios podía darles. Sería complicado adivinar cuántas personas llevaron al reino de Dios estos movimientos imbuidos de la pasión santa por Dios.

El patrón comenzó con los padres de la iglesia. Entonces vinieron los hijos e intentaron que el movimiento siguiera en marcha, que el fuego siguiera ardiendo, quisieron asegurarse de que copiaban exactamente lo que hicieron sus Padres. Solo duró una generación, y luego llegó la siguiente y se encontró lastrada por trastos religiosos que no tenían absolutamente nada que ver con sus raíces espirituales. "¿Por qué hacemos esto? ¿Por qué no hacemos lo otro?". Pronto los nietos permitían que el mundo que los rodeaba se infiltrara en su comunión, y al cabo de poco tiempo ya no había diferencias visibles entre la Iglesia y el mundo. La cultura del mundo se había adueñado de la Iglesia.

Sí, es cierto que los nietos se parecían a sus abuelos. Algunos de ellos incluso hablaban en el dialecto religioso de aquellos. Desde el punto de vista práctico, eran los nietos que perpetuaban la obra de sus abuelos. Sin embargo, no eran sus abuelos. Lo que era esencial para los abuelos se volvió secundario para los nietos. En lugar de permitir que su religión los propulsara con una pasión santa, intentaron ser ellos quienes la impulsaran, y esa carga los condujo al cansancio, al agotamiento religioso y al colapso. Buscaron alivio en el mundo mediante un compromiso. Negociar con el mundo es poner en peligro el sentido de la presencia de Dios.

Calculo que ninguna denominación ha sobrevivido a su centésimo aniversario sin haber pasado por un cambio drástico de dentro afuera. El apóstol Pablo nos advierte que algunos pueden tener "apariencia de piedad, pero negar la eficacia de ella" (2 Ti. 3:5). Añade, como conclusión: "a éstos evita".

Cuando una generación se muestra insatisfecha con el estado de las cosas y siente un hambre de Dios que el ritual y la tradición no pueden satisfacer, en su mayoría no acostumbran salir de la jerarquía religiosa. Esta generación vendrá pisando firme, sin ceremonias, con una pasión por Dios tan grande que derribará todo lo que encuentre a su paso, saltándose los protocolos religiosos, ofendiendo a los fariseos y escribas de la religión que estén al mando en ese momento. Los líderes religiosos los condenarán e intentarán expulsarlos de "la Iglesia". Sin embargo, ellos son Iglesia e insuflan en una nueva generación una pasión santa e inextinguible por la persona de Dios.

Aquí es donde se encuentra la iglesia evangélica de nuestra generación. Nos enfrentamos a este peligro y, en su mayor parte, nadie enumera esos riesgos. Quiero compartir una parte de mi opinión al respecto. Quizá mis humildes esfuerzos puedan suscitar, en los corazones de los miembros de una nueva generación, el anhelo y la pasión por esa realidad que solo proceden de una relación íntima y personal con Dios por medio del Señor Jesucristo.

Cuando observo a la iglesia evangélica moderna, veo ciertos problemas que hay que abordar. El primero es el espíritu de Babilonia.

El espíritu recalcitrante de Babilonia

Creo que hoy día el espíritu de Babilonia invade la Iglesia hasta el punto de dominarla. Todo el que haya leído el Antiguo Testamento entiende la importancia del término "Babilonia". Si no sabes mucho sobre el tema, déjame exponerte las características asociadas con el espíritu de Babilonia.

El espíritu del entretenimiento

Este espíritu de Babilonia, bajo la forma del entretenimiento, no solo se ha infiltrado en la Iglesia, sino que esta le ha dado la bienvenida por la puerta grande, con los brazos abiertos, y ha entrado como una avalancha. Me parece incongruente que una generación de cristianos aborrezca hasta tal punto los éxitos de sus antecesores y el sacrificio asociado con la fe que antes se exponía que jugueteen con la actitud frívola y el espíritu del "entretenimiento". No adoramos a Dios en su trono, sino que hemos llegado al punto de adorar la sombra de ese trono.

Hoy día el cristiano medio es adicto a los placeres externos. ¿Actualmente podría sobrevivir una iglesia cristiana si careciera de cierta dosis de entretenimiento? Es la cultura de la diversión, diversión y más diversión. La actuación ha sustituido a la adoración. Ya no tenemos adoradores, sino observadores y espectadores que se sientan expectantes para ver la actuación. Lo que pide la gente es algo que les haga sentirse bien consigo mismos y les haga olvidar todos sus problemas.

Los padres de la iglesia eran adoradores fanáticos, y su adoración conllevaba un precio elevado que, dicho sea de paso, ellos pagaron alegre y animosamente. Ahora sus nietos son observadores que sienten el deseo de disfrutar de un entretenimiento desbocado. Son adictos, con un apetito insaciable, a tener una emoción seguida de otra aún mayor. Son tan fanáticos del entretenimiento como lo fueron sus padres de la adoración, lo cual explica la diferencia que apreciamos.

Para confundir y empeorar más las cosas, ahora tenemos lo que llamaré una adoración orientada al espectáculo. El mero hecho de incluir la palabra "adoración" en una expresión no significa que esa adoración sea aceptable para Dios. Danzamos ante Dios, con nuestros disfraces y cascabeles, pensando que de alguna manera así impresionamos al Dios Todopoderoso, Creador de cielos y Tierra.

Los padres de la iglesia venían ante la presencia de Dios imbuidos de una reverencia abrumadora, que los cautivaba y los llevaba ante Dios sumidos en un silencio santo. ¿Qué ha pasado hoy con la reverencia? ¿Dónde están aquellos dominados por el espíritu de reverencia delante de su Dios? ¿Dónde aquellos que han experimentado el silencio sagrado en la presencia de Dios?

Hoy día también tenemos a celebridades que dirigen nuestra presunta adoración. Esto es un reflejo de la cultura que nos rodea. Para ser un líder de la Iglesia, un hombre ya no tiene que ofrecer una calidad espiritual, sino más bien una gran personalidad y el estatus de una celebridad. El jugador de fútbol americano convertido tiene más influencia en las iglesias modernas que el hombre que se arrodilla ante Dios con un corazón quebrantado, rogando por su comunidad. Ahora quienes nos dirigen son las celebridades, pero no nos conducen por el mismo camino que establecieron los padres de la iglesia.

El espíritu del letargo

Todo esto ha logrado crear hoy día, dentro de la iglesia evangélica, un letargo espiritual. Como el término "letargo" no aparece en el lenguaje coloquial, seguramente necesito explicar un poco lo que quiero decir.

Con "letargo" me refiero a vivir aprovechando el impulso de ayer. Esto parece explicar el problema actual. Los padres de la iglesia no miraron atrás ni intentaron vivir en el pasado. Los padres de la iglesia miraron atrás para encontrar la brújula que les permitiera seguir avanzando con el poder y la manifestación del Espíritu Santo.

Si no sabemos dónde hemos estado, ¿cómo es posible que decidamos adónde nos dirigimos? Este es el único motivo para mirar atrás. No miramos atrás con objeto de volver atrás. No, miramos atrás para asegurarnos de que seguimos avanzando en la dirección correcta.

El espíritu de lo fácil

Hoy día, en la Iglesia hay demasiadas personas que viven aprovechando la inercia del ayer. Sienten que han librado todas las batallas. Dan por hecho que ya han acabado las luchas de la Iglesia. Son la generación privilegiada, la que irá al cielo sobre perfumados colchones de gracia.

Seguramente, el aspecto más desalentador de esto es que muchos se han acostumbrado a una condición estática, y han sucumbido al espíritu de la falta de expectativas. La única expectativa que tiene la mayoría es que, cuando mueran, esperan firmemente ir al cielo. Aparte de esto, piensan pasarse el tiempo divirtiéndose y disfrutando de su religión.

Los padres de la iglesia no disfrutaban de su religión. *El libro de los mártires* de John Foxe deja claro lo que les costó su religión. No esperaban que fuera nada fácil. Fue Carlos Wesley (1707-1788), en su maravilloso himno "Soldados de Cristo, levantad", quien marcó el tono de su generación:

> Soldados de Cristo, levantad
> y poned vuestra armadura,
> fortalecidos en Dios
> por su Hijo eterno.
> Con el Señor de los Ejércitos
> y su infinito poder,
> los que confiados siguen en pos de Él
> más que vencedores serán.

¿Dónde están hoy esos "soldados de Cristo"? ¿Dónde están aquellos que "confiados siguen en pos de Él"? ¿Dónde están aquellos vencedores dispuestos a seguir avanzando en conquista y para conquistar?

La tragedia de esta generación de cristianos es que se han infiltrado algunos hombres que han pasado desapercibidos, como profetizaron Pablo en su carta a los Romanos y Judas en su epístola. Hemos bajado la guardia, y esos falsos profetas se han colocado en la tesitura de poder controlar el destino de la iglesia cristiana de esta generación.

Dominados por los teólogos impotentes espiritualmente

Otra tragedia que asocio con la iglesia evangélica moderna es el hecho de que ha sido capturada y es rehén de teólogos impotentes espiritualmente. Me encanta la Palabra "teología". Significa, sencillamente, "el estudio de Dios", y en este mundo no hay empresa más digna de estudio. ¿Nuestros corazones tienen hambre de Dios, y se preguntan cuándo vendremos y nos presentaremos delante de Él?

Del término "teología" procede la palabra "teólogo". Solía referirse a una persona que se había especializado en el estudio de Dios, pero ahora significa una persona experta en una porción del cristianismo. En muchos casos, esta porción es bastante reducida y está desconectada de todo lo demás.

Estos teólogos contemporáneos se centran en las minucias doctrinales. Son expertos en el área de repensar las posturas doctrinales a la luz de la sociedad y de la cultura contemporáneas. Por algún motivo creen que, como la sociedad ha cambiado tan drásticamente, nuestras posturas doctrinales deben cambiar en consecuencia. Por ejemplo, reexaminar la doctrina de la inspiración de las Escrituras es un ejercicio inútil.

Al dividir y reducir las posturas doctrinales, hemos llegado al punto de no saber lo que creemos. No solo esto, sino que también necesitamos nuevas traducciones de las Escrituras. Yo no estoy en contra de esto, en absoluto. Cada vez que se publica una nueva traducción, yo soy uno de los primeros en comprarla.

Sin embargo, una traducción nueva y actualizada de las Escrituras no es la respuesta. Es increíble constatar que la generación de cristianos que dispone de más versiones de la Biblia que todas las otras generaciones juntas sea el grupo más débil de cristianos que se haya visto jamás.

Lo que nos hace mejores cristianos no es leer las Escrituras en los idiomas en que fueron escritas o en alguna versión contemporánea. Más bien, eso se consigue cayendo de rodillas con las Escrituras abiertas ante nosotros, y permitiendo que el Espíritu de Dios quebrante nuestros corazones. Entonces, cuando nos hayamos quebrantado profundamente delante del Dios Todopoderoso, nos levantamos, salimos al mundo y proclamamos el mensaje glorioso de Jesucristo, el Salvador del mundo.

Los expertos que lo saben todo menos lo que es esencial en la vida espiritual son quienes dirigen hoy nuestras iglesias. Lo que quiero saber es: ¿en qué son expertos? No parece que muchos de ellos sean expertos en conocer a Dios como lo conocieron los Padres. No parecen sentir ese tremendo temor reverente que predominaba en el movimiento de la iglesia primitiva. ¿Qué han hecho nuestros expertos por la Iglesia aparte de encajarla en una rutina, permitiendo que la ley dominara y controlara todo y negando el poder del Espíritu Santo? Me temo que hemos sido demasiado apologéticos con nuestras apologías y, al intentar complacer a todo el mundo, acabamos destruyendo la verdad.

Esto ha creado un sistema religioso de clases. Todos esos doctores tan sabios, con sus doctorados y sus narices hacia arriba, han provocado grandes problemas en la Iglesia de Jesucristo. ¿Es que no saben que el diablo es mejor teólogo que todos nosotros juntos? Las Escrituras nos dicen que el diablo tiembla delante de Dios, pero no tiene parte en el reino de este: "Tú crees que Dios es uno; bien haces. También los demonios creen, y tiemblan" (Stg. 2:19).

Esto no hace más que demostrar la tiranía de la religión en el día de hoy. En la iglesia primitiva, todo el mundo formaba parte del equipo misionero. De todos ellos se esperaba que salieran al mundo y predicaran el mensaje redentor y glorioso de Jesucristo. Sin duda que había categorías, como ancianos, obispos y apóstoles. La Iglesia funcionaba muy bien cuando todos los cristianos colaboraban entre sí, y cuando cada uno sabía cuál era su lugar y hacía su parte.

Ahora tenemos equipos de expertos que solo conocen la letra de la ley. Tenemos a personas que se han convertido en esnobs religiosos, que organizan un espectáculo para los cristianos, con la esperanza de que la ofrenda dominical sea más que suficiente para pagarles un estilo de vida basado en la codicia. No es difícil darse cuenta de que hoy día el espíritu de Babilonia, que crea la enfermedad del letargo espiritual, ha invadido la iglesia moderna, todo ello orquestado por unos teólogos espiritualmente impotentes.

Quitarle importancia al peligro supone arriesgar toda una generación de cristianos. Esta es la maldición de la apostasía. La apostasía nace cuando determinados hombres se infiltran sin que nadie se dé cuenta y sustituyen al Espíritu Santo como fuerza directiva del movimiento cristiano. La Iglesia nunca fue diseñada para que la dirigiesen hombres; más bien, el Espíritu Santo dio a luz a la Iglesia el día de Pentecostés como vehículo por medio del cual pudiera hacer su obra en cada generación.

Enfrentémonos a los peligros al ser conscientes de lo grave que es la situación. Entonces, con el poder y la manifestación del Espíritu Santo, destruyamos todas esas divisiones artificiales y toda esa jerarquía impotente que ha desarrollado la división en denominaciones. Volvamos al tipo de cristianismo que nació el día de Pentecostés y no estemos "otra vez sujetos al yugo de esclavitud" (Gá. 5:1).

¿Deberá Jesús llevar su cruz?
Thomas Shepherd (1665-1739)

¿Deberá Jesús llevar su cruz
y verlo el mundo así?
No, hay cruces para cada quien,
cual una para mí.

Los santos que hoy gozando están
aquí sufrir los vi,
mas hoy sin llanto gustan ya
eterno amor, sin fin.

Paciente llevaré mi cruz,
pues me hace mucho bien;
imitaré al Señor Jesús
quien la cargó también.

Mi cruz con calma llevaré
hasta que llegue al fin;
después corona portaré,
pues una es para mí.

(Trad. A. Fernández)

2

LA BÚSQUEDA DE UN SUSTITUTO DE DIOS

Junto a los ríos de Babilonia, allí nos sentábamos, y aun llorábamos, acordándonos de Sion. Sobre los sauces en medio de ella colgamos nuestras arpas. Y los que nos habían llevado cautivos nos pedían que cantásemos, y los que nos habían desolado nos pedían alegría, diciendo: Cantadnos algunos de los cánticos de Sion. ¿Cómo cantaremos cántico de Jehová en tierra de extraños?

Salmos 137:1-4

Moisés, que estaba en la cima del monte Sinaí reunido con Dios y recibiendo los Diez Mandamientos, no se dio cuenta de que al pie de la montaña el pueblo corría peligro. Cautivado por la presencia divina, Moisés no pensaba en nada sino en Dios. Allá abajo, la historia era muy distinta.

Mientras Moisés estaba en el monte, su hermano Aarón sucumbió a la actitud de tedio de los israelitas. Moisés llevaba fuera más tiempo del que habían previsto, y hacía falta algo para saciar los apetitos carnales del pueblo de Dios. Francamente, se habían cansado de esperar a Moisés.

Cuando analizamos los hechos, es fácil ver que uno de los grandes peligros a los que se enfrenta el pueblo de Dios es esta área de aburrimiento religioso. Aburrirse de la religión es concebible, pero aburrirse de Dios no lo es. Quienes han conocido a Dios y su presencia poderosa, terrible, nunca pueden llegar a aburrirse. Sin embargo, la religión, con todos sus "haz esto" y "no hagas eso", sí que provoca ese tedio. Todo el que intenta seguir su religión religiosamente experimenta grandes momentos de aburrimiento en los pequeños detalles.

Israel había experimentado todos los milagros maravillosos de Dios a su favor, pero aun así se aburrieron del Dios de esos milagros. Cuando Aarón se enfrentó a la ira de Moisés debido a la situación, dijo:

> No se enoje mi señor; tú conoces al pueblo, que es inclinado a mal. Porque me dijeron: Haznos dioses que vayan delante de nosotros; porque a este Moisés, el varón que nos sacó de la tierra de Egipto, no sabemos qué le haya acontecido. Y yo les respondí: ¿Quién tiene oro? Apartadlo. Y me lo dieron, y lo eché en el fuego, y salió este becerro (Éx. 32:22-24).

El entorno del espíritu de Babilonia ha creado una situación en la que la Iglesia se ve dominada por lo que denomino "cultos". Estos cultos han dominado hasta tal punto el panorama cristiano moderno que el verdadero cristianismo tiene problemas hasta para respirar. Déjame que lo explique con más detalle para que entiendas lo que digo.

El culto de la imitación

El primer culto que domina el cristianismo moderno es el deseo de imitar lo que vemos fuera de la Iglesia. Esto es un rasgo de inmadurez, como un niño pequeño que apenas sabe caminar y que, cuando ve a alguien que hace algo, intenta imitarlo sin saber qué significa ese acto. Los medios de comunicación seculares son los que marcan los estándares para la iglesia estadounidense.

Hoy día, las iglesias tienen "programas" dirigidos por "presentadores", lo cual es algo sacado directamente del mundo del entretenimiento. Esta vaca sagrada del mundo se ha infiltrado en el santuario del Dios vivo. La Iglesia imita ingenuamente lo que ve en el mundo, sin tener en cuenta las consecuencias.

Hubo una época en que la Iglesia marcaba el estándar para la música. Entonces el mundo imitaba a la Iglesia. Hombres como Beethoven, Mozart y Haendel pusieron a cantar a todo el mundo, y el centro de su música era la Iglesia. Nosotros ya no creamos nuestra propia música, sino que sintonizamos con la música del mundo que nos rodea. Ahora salimos al mundo con el propósito de importar a la Iglesia los sonidos propios del mundo. Ofrecemos este "cerdo" en el altar de Jehová. ¡Qué blasfemia! ¡Tenemos tanto más que ofrecer a Dios! Importar la cultura que nos rodea en lugar de adorar la naturaleza y el carácter de Cristo, que vive en nosotros, es la triste realidad del cristiano contemporáneo.

Con nuestra literatura pasa lo mismo. Si en este mundo hay un superventas, puedes estar seguro de que al final la Iglesia acabará imitándolo. En lugar de escribir gran literatura que honre a Dios, a la Iglesia y a las cosas celestiales, copiamos la literatura espantosa y moralmente cuestionable del mundo. Según parece, para algunos escritores es como un trofeo ver cuánto se pueden acercar al borde sin caerse. Pues tengo una noticia que darles: no corren el peligro de caer al abismo; ya han caído, pero todavía no se han dado cuenta.

El motivo es que el cristianismo lo entienden muy mal incluso aquellos que profesan ser cristianos. El verdadero cristianismo es un misterio, una maravilla, algo ajeno y trascendente en este mundo. El cristianismo del Nuevo Testamento es incomprensible para el mundo. No existe ni una sola manera de construir un puente entre los estándares del mundo y los de la Iglesia.

Algunos dicen que es un gran honor y un indicativo de éxito escribir un libro que sea aceptable tanto para el mundo como para la Iglesia. Aquí hay un problema. En las Escrituras, incluso en la historia de la Iglesia, no encuentro nada que sugiera la compatibilidad del mundo y de la Iglesia. El gusto de la Iglesia debería ser infinitamente más elevado y mejor que el del mundo. Lo que satisface a la Iglesia no debería satisfacer para nada al mundo. El verdadero cristiano siente un hambre insaciable de Cristo y de las cosas de Cristo, mientras que el mundo carece de este.

Cristo es único y no imita a nadie; tampoco adula al mundo haciendo un intento patético de ganarlo para sí. Muchas iglesias evangélicas están más cerca del mundo que de los estándares del Nuevo Testamento, prácticamente en todos los sentidos.

El culto al entretenimiento

Relacionado con el culto a la imitación tenemos el culto al entretenimiento. Esta es probablemente la herejía más ponzoñosa que destruye hoy día a la iglesia evangélica. La idea de que la religión es cierto tipo de ocio está tan alejada de la enseñanza neotestamentaria que me sorprende que iglesias que, por lo demás, son rectas, hayan sucumbido a ella.

Una vez más, esto se aprecia mejor en la literatura moderna. Esta nos ha ofrecido un tipo de ficción religiosa que es irreal, afectada y falsa. La calidad de esto se encuentra tan por debajo de los estándares del Nuevo Testamento, determinados a lo largo de la historia de la Iglesia, que me sorprende que se vendan ejemplares. Sin embargo, este tipo de entretenimiento religioso desaparece de las librerías más rápido que cualquier otro género literario.

Lo que necesita esta generación de cristianos no es ocio religioso para satisfacer los apetitos carnales, sino una literatura con base bíblica que desafíe y conmueva al alma para que sienta un aprecio más profundo por Dios, Cristo y todo el plan de salvación. Es cierto que lo que alimentamos es lo que crece. Si alimentamos la naturaleza carnal y sus apetitos, este será el aspecto dominante en nuestra vida. Si alimentamos lo espiritual, crecerá nuestro apetito por las cosas de Dios.

El culto a la celebridad

El tercer culto que domina hoy a la iglesia evangélica es el de la celebridad. Y justo aquí es donde yo debería dejarlo correr. Por algún motivo, los líderes de la iglesia evangélica actual creen que, para conseguir para Cristo lo que quieren conseguir, necesitan a una celebridad que se haya convertido y les marque el camino.

Esta celebridad convertida, supuestamente, hará por la iglesia evangélica lo que el hombre de Dios no puede hacer. Después de todo, la celebridad "sintoniza" con el mundo. Las personas a quienes impresiona ese famoso convertido son cristianos carnales, y solo hasta que llegue otra celebridad mayor. ¿Dónde está aquella generación que se postraba de rodillas ante Dios con corazones quebrantados por el mundo que les rodeaba? ¿Dónde están aquellos hombres que lo entregaban todo para alcanzar a un mundo de hombres y mujeres sin salvación?

¿Dónde están los D. L. Moody de la iglesia moderna? ¿Y los A. B. Simpson? ¿Dónde están los Adoniram Judson, y dónde los J. Hudson Taylor? ¿Dónde las Susanna Wesley? ¿Y las Lady Julian? Y hay muchos otros a los que podría mencionar. Hoy día el cristiano medio es indigno de desatar los cordones del calzado de esas personas.

Conocer a estos hombres y mujeres, y saber la obra que hicieron por Cristo, y luego darse la vuelta y acudir en pos de alguna celebridad convertida a la que seguir, es lo más cerca que podemos estar de la blasfemia. La celebridad nos emociona. Aceptamos todo lo que digan los famosos como si fuera el mensaje prioritario para nuestra época, incluso cuando contradice flagrantemente el mensaje bíblico. Ignacio de Loyola dijo: "Aparte de Dios, no dejes que nada te deslumbre". Hoy día permitimos que todo nos deslumbre, menos Dios. Nos hemos aburrido de Dios y de las verdades de las Escrituras. Parece que necesitamos algo para estimularnos y emocionarnos. Esto nos ha hecho avanzar mucho por la vía de reemplazar a Dios.

La iglesia primitiva estaba maravillada con Cristo. El Señor los consumía, suscitaba en ellos un asombro tan grande que no tenía fin. Solo hablaban de Cristo. Solo pensaban en Él, de día y de noche. Cristo era su único motivo para vivir, y estaban más que dispuestos a entregar sus vidas por Él.

Ahora esperamos que las celebridades nos encanten. Por el motivo que sea, damos por hecho que el entretenimiento carnal es el sustituto idóneo de la adoración santificada al Altísimo. Todo este estatus mundano, propio de las celebridades, es ajeno a la nueva Jerusalén. Ninguna emoción barata puede sustituir el gozo extático de conocer a Jesucristo.

Israel superada por Babilonia

Aunque Israel no dejó de ser Israel mientras estuvo en Babilonia, perdió la capacidad de entonar santas alabanzas a Jehová como parte de su adoración. Su música desapareció. Lo que antes de Babilonia era algo natural en Israel se volvió imposible en aquella tierra. "¿Cómo cantaremos cántico de Jehová en tierra de extraños?" (Sal. 137:4), se lamentaban los cautivos judíos cuando pensaban en su tierra natal.

Los cánticos de Sion no brotaban en medio de las glorias babilónicas. Aunque Israel había perdido su "temor" de Jehová y habían sido superados por Babilonia, quienes recordaban las altas alabanzas de Jehová en Israel se lamentaban. Las melodías superficiales de Babilonia no eran comparables con los cánticos de Sion.

En Éxodo 32 descubrimos que, mientras Moisés estaba en la cumbre del monte recibiendo los mandamientos de Dios, Israel caía en la apostasía. Se hicieron un ídolo, contrariamente al mandamiento del Señor. Israel proclamó una fiesta de dedicación y ofreció a Dios su ídolo, el becerro de oro, desafiando a las claras las órdenes divinas. Aarón debería haberlo sabido, pero se dejó llevar por la multitud.

Adorando en el altar equivocado

La iglesia evangélica moderna también tiene dioses a los que adora, contradiciendo el mandato divino. Con una descuidada promiscuidad adoran en los altares de esos dioses paganos.

El altar de la mercadotecnia

El primer altar donde adora la Iglesia es el de la publicidad. Muchos cristianos evangélicos adoran públicamente la mercadotecnia como si fuera la solución a todos sus problemas. ¿Cómo pueden inducir a la gente a entrar en sus iglesias si no es por medio de una gran campaña publicitaria? Hoy día la publicidad debe hacer lo que hacía el Espíritu Santo en tiempos de los padres de la iglesia. Madison Avenue no puede sustituir al Espíritu Santo moviéndose en los corazones de hombres y de mujeres.

Muchos cristianos adoran en el altar del éxito. Sin duda, creo que Dios quiere que tengamos éxito en nuestro caminar cristiano y en nuestra evangelización del mundo. El problema estriba en definir el éxito conforme al concepto que el mundo tiene de él. Según esas definiciones, Cristo sería un auténtico fracasado. Sin duda alguna, los primeros apóstoles habrían muerto sin pena ni gloria. Además, a lo largo de toda la historia eclesial y conforme a la definición moderna del éxito, los grandes hombres de Dios no lo tuvieron. Lo que el mundo considera un éxito, Dios lo califica de abominación. El cristiano con éxito es aquel que se da cuenta de que no es más que un peregrino en este mundo, buscando una ciudad cuyo arquitecto y constructor es Dios (He. 11:10; 13:14).

El altar del dinero

En la iglesia evangélica contemporánea muchos adoran ante el altar del dinero. Nadie discreparía del hecho de que el dinero es necesario para organizar nuestros programas misioneros y las campañas de proclamación a nuestras comunidades y al mundo. Nadie entendió mejor esto que los hombres de gran fe, como A. B. Simpson, Jorge Müller y J. Hudson Taylor. Estos hombres, y muchos otros que siguieron su ejemplo, reunieron millones de dólares mediante la oración para realizar la obra de Dios puesta sobre sus hombros. Sin embargo, para ellos la diferencia era que el dinero representaba un medio para conseguir un fin, mientras que hoy día el dinero es el objetivo.

El altar de la actividad

La Iglesia también adora en el altar de la actividad. Casi no hace falta decir que en la iglesia evangélica moderna la actividad se ha convertido en un dios. Cada noche de la semana hay en marcha alguna actividad que agota por completo al pueblo de Dios. ¿Cuándo tenemos tiempo de estar en casa? ¿Cuándo tenemos tiempo de acercarnos a nuestra alcoba y pasar tiempo orando e intercediendo por la comunidad que nos rodea? La actividad por sí misma es una gran trampa de nuestra sociedad. Sin duda que tenemos que salir y hacer algo de ejercicio. Sin duda que la Biblia condena al perezoso. Pero cuando la actividad se convierte en un fin en sí mismo, se vuelve un altar en el que la Iglesia adora.

Conozco el razonamiento subyacente en una parte de esta idea. Si no tenemos actividades que ofrecer a los jóvenes, el mundo los arrebatará. Hoy día se incita a los niños a pedir juguetes caros. Recuerdo qué placer me producía fabricarme mis propios juguetes con restos de material. No solo disfrutaba de la creación, sino también de divertirme con ella. Ya no es así. Ahora tenemos una generación con exceso de estímulos. Ya no surgen del interior los grandes sentimientos: hay que provocarlos mediante saturaciones extravagantes procedentes del exterior. El mundo vive por el exceso de estímulos, un episodio emocionante tras otro. Y la Iglesia sigue el ritmo del mundo. ¡Lo que debería pasar es que los grandes pensamientos nos estimularan a la máxima pasión que pueden soportar nuestra mente y nuestros sentimientos!

El altar del placer

El altar más sorprendente en la iglesia evangélica de hoy día es el altar del placer. Nadie puede leer la Biblia sin llegar a la conclusión de que a Dios le complace sobremanera su creación y, por consiguiente, que el placer es bueno, sano y santo. El problema viene al elegir lo que nos proporciona placer. El placer por sí mismo no es malo, pero lo necesario para proporcionarnos esa sensación puede serlo. ¿Nos complacemos en la obra de Dios? ¿Nos agrada la comunión del pueblo de Dios? ¿Y la presencia de Dios? ¿O debemos salir de las fronteras de nuestra comunión cristiana y descubrir placer en el mundo? Esto es un error.

Lo peor de todo es que hemos integrado a la Iglesia las actividades y los placeres del mundo. Todo aquello que resulta estimulante al ciudadano medio del mundo se introduce pronto en el programa de la iglesia local. Encuentra placer en el mundo y al final acabarás viéndolo en la iglesia evangélica. ¿Cómo es posible que la Iglesia haya llegado a este punto?

Todo empieza al atribuir un falso valor a las cosas y luego dar por sentado que esos valores son correctos. Tras eso se recurre al uso de la poesía, la música, el teatro y la literatura para refrendar esos valores. Todo se fundamenta sobre la supuesta idoneidad de aquellos, mientras se niega y se ignora toda evidencia de la falsedad de tales valores.

Lo que debemos recordar es que solo aquel que recibe órdenes de Jesucristo le pertenece. La iglesia evangélica está en proceso de poner en peligro precisamente esto, ignorando el "así dice el Señor". Sí, queremos los beneficios que Cristo nos ofrece. Queremos su ayuda, protección y guía. Incluso se nos saltan las lágrimas al pensar en su nacimiento, vida, muerte, enseñanza y ejemplo. El problema viene cuando no aceptamos las órdenes que nos da. Cristo no puede salvar a quien no puede controlar. Afirmar que uno es salvo mientras al mismo tiempo ignora los mandamientos del Señor es vivir totalmente engañados.

Sin embargo, no todo está perdido. Tenemos ayuda. Es posible un despertar. En un fogonazo de inteligencia espiritual, Dios puede hacer que un hombre o una mujer conozcan (en el sentido más profundo del verbo) más de lo que es importante para su alma para toda la eternidad de lo que podría aprender en diez años de arduo estudio. Sin embargo, también es cierto que la meditación prolongada en la verdad divina y el hábito de la obediencia a estas verdades tal como se conocen son condiciones necesarias antes de que se nos conceda semejante visión. El Espíritu Santo no iluminará a un alma irresponsable o, si lo hace una vez, no volverá a hacerlo. Exige que vivamos de acuerdo con nuestros privilegios más altos.

¿Vivirías por Jesús?

Cyrus S. Nusbaum (1861-1937)

¿Vivirías por Jesús, siendo siempre puro y bueno?

¿Caminarías con Él por ese camino angosto?

¿Y que Él llevase tus cargas, todas tus cuitas portara?

Deja que haga su obra en ti.

¿Quieres que te haga libre, le seguirás si te llama?
¿Quieres conocer la paz de la entrega de tu alma?
¿Quieres que también te salve, para que nunca ya caigas?
Deja que haga su obra en ti.

¿Quieres hallar en su reino el reposo sempiterno?
¿Que su justicia demuestre en los momentos de prueba?
¿Quieres siempre a su servicio darle el todo de tu vida?
Deja que haga su obra en ti.

Su poder te podrá hacer lo que deberías ser;
en tu corazón su sangre te liberta y purifica;
su amor llenará tu alma, y comprenderás así
que lo mejor siempre ha sido que Él haga su obra en ti.

3

LA PLATAFORMA PARA LA ENSEÑANZA FALSA

Amados, por la gran solicitud que tenía de escribiros
acerca de nuestra común salvación, me ha sido necesario
escribiros exhortándoos que contendáis ardientemente
por la fe que ha sido una vez dada a los santos.

JUDAS 1:3

El apóstol Judas había pensado escribir una carta estimulante, igual que tú podrías sentarte a escribirle una carta de ánimo a un amigo. Pensaba hablar de lo que él llama "nuestra común salvación". Pero en la iglesia había tenido lugar una circunstancia desagradable, que lo obligó a escribir otro tipo de carta. En ella se habían infiltrado ciertos hombres sin ser detectados. Estos hombres llevaban una mala vida y enseñaban doctrinas contrarias a la fe cristiana. El propio Señor previó su llegada y les condenó cuando estuvo en el mundo. Judas escribió para exhortar a las víctimas de estos maestros para que luchasen por la verdad: no lo que habían descubierto ellos mismos, sino lo que les había sido dado mediante revelación.

A lo largo de los siglos se fue echando lentamente un fundamento para la enseñanza falsa dentro de la iglesia evangélica. Este proceso tiene una naturaleza tal que pocos fueron conscientes de lo que estaba sucediendo. Las falsas enseñanzas (enseñar que las cosas son distintas a como son) empieza con un concepto equivocado.

Cuando hemos descubierto o alguien nos ha revelado cómo son las cosas, tanto físicas como espirituales, tenemos el imperativo moral de reconocer esos hechos y adaptar nuestra enseñanza a ellos.

Este es el marco general en el que debe encuadrarse todo lo demás: que las cosas son como son, nos guste o no. Depende de nosotros descubrir cómo son, aceptarlas como son y luego adaptar a estos hechos nuestra enseñanza. Bastante sencillo, ¿no? Por lo tanto, la doctrina correcta tiene una importancia vital, porque no es más que enseñar las cosas como son.

Vivimos en un mundo matemático y moral. Dios dirige su mundo físico con una exactitud matemática. Rige su mundo moral con la misma precisión. El inconformismo en cualquiera de las dos esferas provoca una catástrofe. Por lo tanto, la falsa enseñanza consiste en falsificar datos y hechos esenciales. Por consiguiente, decir la verdad sobre las cosas no es más que descubrir qué son y adaptar nuestras palabras a estos hechos.

Lo mismo pasa con las verdades espirituales. Cuando se nos ha revelado la verdad en la Palabra de Dios, nuestra tarea consiste en descubrir cuál es esa verdad y adaptar todas nuestras enseñanzas a ella. No debemos retocarla ni cambiarla, sino permitir que se mantenga como es.

Si un ingeniero se equivoca en sus diseños y construye un edificio basándose en ellos, la estructura se desmoronará a su alrededor. Si un capitán de barco no sabe bien dónde lleva su nave, esta encallará en un banco de arena o chocará con una roca y se destruirá, hundiéndose para siempre. La inconformidad con la verdad lleva a la catástrofe. La magnitud del desastre depende del alto o bajo grado de los hechos que tienes ante tu vista.

Un concepto de Dios equivocado

La falsa enseñanza consiste en adulterar datos sobre cosas vitales acerca de Dios, nosotros mismos, el pecado y Cristo. Primero, toda enseñanza falsa empieza con *un concepto equivocado de Dios*. Nadie que tenga un concepto certero de Dios puede equivocarse mucho en cualquier otra cosa. Todos los errores que se han cometido, todos los grandes errores fundamentales, han descansado sobre un concepto erróneo de Dios.

Los hombres no están dispuestos a permitir que Dios sea quien dice ser. Intentan cambiarlo, corregirlo, alterarlo y disculparlo, en un intento de hacer de Él alguien que no es. Dios es, y es mejor que nosotros lo aceptemos como es. Dios es, y los ancianos, los santos y las criaturas celestiales quieren que sea quien es. Es necesario que deseemos que Dios sea quien es y nos adaptemos a ello. Ninguna estructura duradera está construida sobre unos cimientos malos. Un fundamento débil hará que todo se hunda, se derrumbe, se incline y se destruya, haciendo que todo el edificio acabe en ruinas.

De todos los fundamentos, Dios es el más importante, porque Dios es Dios, e hizo los cielos, la Tierra y todo lo que hay en ellos. Sería un enorme y amargo error que un hombre o una mujer se pasara la vida creyendo determinadas cosas sobre Dios para luego descubrir que eran falsas. Pensar que hablaban con el Dios de los cielos y la Tierra, y descubrir que lo hacían con un dios fruto de su propia imaginación.

Sería una calamidad trágica para el espíritu humano orar y predicar toda una vida a un dios que no fuera el Dios verdadero, sino una amalgama de ideas sacadas de la filosofía, la psicología y otras religiones y supersticiones. Dios es lo que es, y nos interesa más descubrir quién es y luego adaptar nuestras enseñanzas a esa verdad. Si quitamos a Dios alguno de sus atributos, debilitamos nuestro concepto de Él.

Algunos cristianos han arrebatado de la naturaleza de Dios toda la justicia, el juicio y el aborrecimiento del pecado, y no les queda otra cosa que un dios descafeinado. Otros han extraído el amor y la gracia, quedándose con un dios de juicio. O han eliminado la personalidad de Dios y no les queda otra cosa que un dios matemático, el dios de los científicos. Todos estos son conceptos falsos e inadecuados de Dios.

Nuestro Dios es un Dios de justicia, gracia, rectitud y misericordia. Aunque es un Dios de exactitud matemática, también es un Dios que tomó a los niños entre sus brazos, acarició sus cabecitas y les sonrió. Es un Dios que perdona. Por lo tanto, nos es muy necesario hacer del estudio de su Palabra el objetivo de nuestras vidas, para descubrir quién es Él y luego adaptar nuestros paradigmas a los suyos.

Un concepto erróneo de nosotros mismos

Tener un concepto equivocado de Dios hará que tengamos *un concepto erróneo de nosotros mismos*. Solo podemos conocernos en tanto y en cuanto conozcamos a Dios. Si nuestra teología es falsa, nuestra antropología también lo será. Si nos equivocamos al pensar en Dios, nunca sabremos quién, o qué somos, o por qué estamos donde estamos.

Solo podemos explicarnos a nosotros mismos a la luz de la doctrina de que Dios hizo al ser humano a partir del polvo de la tierra, soplando en su nariz aliento de vida, de modo que el hombre fue un alma viviente. La ciencia ha descubierto muchas cosas sobre Dios, pero no las ha descubierto dentro de su contexto. No han partido de Dios y han razonado luego el mundo que Él creó. Han partido del mundo y luego han intentado razonar a Dios, pero se quedan cortos y no lo encuentran.

Si un hombre se equivoca al pensar en Dios, es probable que tenga un concepto erróneo de sí mismo. Si se equivoca al pensar en el artista, se equivocará al interpretar su cuadro. Si no entiende al alfarero, no entenderá su vasija. Si se equivoca con Dios, se equivocará al pensar en su criatura.

Aunque se multiplican por doquier los datos científicos, los hombres se equivocan porque han dejado a Dios fuera y dicen en sus corazones: "No hay Dios, o si lo hay es un Dios de matemáticas y de leyes, pero no el Dios que la Biblia nos presenta". Esto es un error, y no puedes conocer la verdad sobre tu persona sin conocer primero la verdad sobre Dios.

Procedes de la mano de Dios, y a Dios tendrás que volver, para recibir juicio o bendición. A menos que aceptes a Dios y lo entiendas, dejándolo ser lo que afirma ser, y creyendo sobre tu persona lo que Dios dice de ella, crees en una doctrina falsa. Si crees que eres mejor de lo que Dios dice que eres, te equivocas. Si crees que eres diferente a la imagen que Dios da de ti, te equivocas. Has falsificado los datos, o alguien los ha adulterado y tú has sido su víctima.

Cree de ti lo que Dios te dice. Cree que eres tan malo como Dios dice que eres, y que estás tan lejos de Él como Él afirma. Luego cree en Cristo y que puedes acercarte a Él tanto como Él sostiene que puedes hacerlo, y acepta como la verdad lo que Él dice sobre tu persona.

Un concepto equivocado del pecado

El pecado no se puede comprender a menos que creamos en Dios y en lo que Él ha dicho sobre nosotros. El pecado es ese fenómeno intruso, omnipresente, que se encuentra en toda la humanidad y se manifiesta por medio del odio, las mentiras, la deshonestidad, el asesinato, el crimen y la injusticia; que exige que haya policías, cárceles, patíbulos y cerrojos, así como tumbas. Hay quienes pretenden negar el pecado o rebautizarlo, lo cual, por supuesto, supone falsear los datos. Hay quienes lo consideran una enfermedad, pero falsean los datos.

Dios dijo que el pecado es transgredir la ley, una rebelión contra su voluntad. Dios dice que es una naturaleza que heredamos de nuestros progenitores. Dios dice que es un acto contra la fe y contra el amor y la misericordia de Dios. Dios dice que es una rebelión contra la autoridad constituida de la majestad en las alturas. Dios dice que el pecado es iniquidad, y que es atribuible personalmente a todo el que lo comete. Dios dice: "el alma que pecare, esa morirá" (Ez. 18:20).

La verdad relativa al pecado siempre exige que creamos la verdad relativa a Dios: que es soberano, santo y justo. La verdad relativa a nosotros mismos es que somos su creación, una imagen caída de lo que Dios quiso hacer. Por consiguiente, el pecado es una rebelión moral; es responsable de todas las elecciones malvadas. Mejor nos irá si creemos lo que Dios nos dice sobre el pecado, porque si no falsificaremos los datos. Los datos falsificados en las cosas espirituales acarrearán consecuencias más espantosas que falsificar los relativos a las cosas materiales.

El médico que se equivoca con el número de pastillas que le da a un paciente puede matarlo, pero eso solo destruiría su cuerpo. El predicador que malinterpreta o expone mal la verdad relativa al pecado, al hombre y a Dios perjudicará a sus oyentes, lo cual es infinitamente más terrible. La verdad relativa a Dios significa que debemos aceptar la soberanía de Dios, su santidad, justicia, gracia, amor y todo lo que dice la Biblia sobre Él. Por lo que respecta a nosotros mismos, exige que creamos que somos imágenes caídas de Dios, seres que antes llevaron su imagen pero cayeron.

Un concepto equivocado sobre el propio Cristo

Si no tienes un concepto correcto de Dios, de ti mismo y del pecado, tendrás un concepto distorsionado e imperfecto de Cristo. Creo honesta y misericordiosamente que el Cristo del hombre religioso medio actual no es el Cristo de la Biblia. Es una imagen distorsionada: un producto fabricado, pintado sobre un lienzo, sacado de la teología barata sobre Cristo de las personas liberales, blandas y tímidas. Este Cristo no tiene nada del hierro, la furia y la ira, ni tampoco del amor, la gracia y la misericordia que tuvo el que anduvo por Galilea.

Si tengo un bajo concepto de Dios, tendré un bajo concepto de nosotros mismos; y si tengo un mal concepto de mí mismo, tendré un concepto peligroso del pecado. Si tengo un concepto peligroso del pecado, tengo un concepto degradado de Cristo. Así es como funciona: Dios queda reducido, el hombre degradado, el pecado infravalorado, y Cristo desprestigiado.

¿Quiere decir esto que hemos de ser tolerantes? De hecho, los hombres solo son tolerantes con las cosas poco importantes. ¿Qué le pasaría a un científico o a un piloto tolerante? El religioso liberal admite simplemente que para él las cosas espirituales no son vitales.

No es de extrañar que Judas dijese las cosas tan terribles que afirmó en su epístola a la Iglesia. Te recomiendo que leas el libro de Judas. Hinca los dientes en alimento sólido. Atrévete a creer en algo y a ponerte del lado de Dios. En esta época espantosa de supuesta tolerancia, las personas están dispuestas a creer cualquier cosa.

No somos llamados a mostrar siempre una sonrisa. A veces somos llamados a fruncir el ceño, a reprender con paciencia y doctrina. Debemos contender, pero no ser contenciosos. Debemos preservar la verdad, pero sin herir a nadie. Debemos destruir el error, pero sin dañar a las personas. En épocas anteriores, cuando las personas se equivocaban contendían entre ellas y, al hacerlo, se volvían contenciosas. En un intento de preservar la verdad, destruían a los que se equivocaban. Preservemos la verdad, pero sin herir a nadie.

Judas nos dice: "Estos son los que..." (Jud. 1:19). Compadezcámoslos, lamentemos su situación, oremos por ellos y lloremos por ellos, pero apartémonos de ellos. "Pero vosotros, amados..." (v. 20). Ahora Él ha venido a los suyos, a los verdaderos creyentes en Dios y en Cristo, y les ha encomendado cuatro misiones:

1. *Edificar.* "Edificándoos sobre vuestra santísima fe" (v. 20). ¿Tienes una Biblia y la estudias? ¿Has leído algún libro de la Biblia recientemente? ¿Has memorizado algún pasaje? ¿Has procurado buscar a Dios, o buscas tu religión en los medios de comunicación seculares? Edificaos sobre vuestra santísima fe.

2. *Orar.* "Orando en el Espíritu Santo" (v. 20). No dudo en decir que la mayor parte de las oraciones no son en el Espíritu Santo. El motivo es que no tenemos al Espíritu en nosotros. Nadie puede orar en el Espíritu a menos que su corazón sea morada del mismo. Solo podrás orar en el Espíritu cuando este tenga un dominio completo sobre tu vida. Pasar cinco minutos orando en el Espíritu será mejor que todo un año de orar a ciegas, no estando en el Espíritu.

3. *Amar.* "Conservaos en el amor de Dios" (v. 21). Sean fieles a la fe, pero amorosos con quienes se equivocan. No desprecien a nadie. Ningún cristiano tiene derecho a sentir desprecio, porque es una emoción que solo puede nacer del orgullo. Nunca permitamos que el desprecio nos gobierne; seamos benignos y amorosos con todos, mientras nos mantenemos en el amor de Dios.

4. *Conservar.* "Conservaos en el amor de Dios, esperando la misericordia de nuestro Señor Jesucristo para vida eterna" (v. 21). Esperemos la venida de Jesucristo, la misericordia del Señor Jesucristo durante su venida. ¿No es maravilloso que cuando venga manifestará su misericordia? Entonces se manifestará su piedad, como lo hizo en la cruz, como lo hace al recibir a los pecadores, como lo hace al cuidar de nosotros con

paciencia. Y se manifestará en la venida de Jesucristo para vida eterna.

Entonces Judas nos dice: "A algunos que dudan, convencedlos. A otros salvad, arrebatándolos del fuego; y de otros tened misericordia con temor, aborreciendo aun la ropa contaminada por su carne" (vv. 22-23). Se nos encomienda ganar a otros; debemos hacer todo lo que esté en nuestra mano para ganar a otros para Cristo, salvándolos con temor, sacándolos del fuego.

Durante toda su vida, Juan Wesley se refirió a su persona como "una rama sacada de la hoguera". Nunca se llamó de otra manera. Sabía que estaba ardiendo en feroces llamas infernales cuando Jesucristo lo agarró y lo sacó del pozo ardiente extinguiendo el fuego con su propia sangre, y Wesley se convirtió en Wesley. Nunca osó mirar a nadie por encima del hombro ni considerarse un hombre importante de Oxford, ni un gran genio; siempre se consideró una rama rescatada de la hoguera. Nosotros esperamos la venida de Jesucristo, aguardando la misericordia de nuestro Señor.

Esto es lo que dijo del Señor un viejo tejedor de seda, Gerhard Tersteegen (1697-1769) en su himno "Aceite y vino" (ver Is. 35:10):

Un bálsamo hay para cada dolor,
    una medicina para cada tristeza,
la vista vuelta hacia la cruz
    y mirando hacia el mañana.
La mañana de gloria y de salmos
    en que Él volverá;
la mañana de arpas y palmas,
    bienvenida al hogar.
En sus manos amorosas nuestras vidas,
    los corazones en el suyo reposados,

y un consuelo para todo el que descansa
su cabeza en el pecho del Amado.

Esto es lo que dijo Pablo: "la muerte del Señor anunciáis hasta que él venga" (1 Co. 11:26). Algunos de los santos del pasado, en días que se fueron, definían la Santa Cena como "la medicina de la inmortalidad". Entre tanto, ¿qué vamos a hacer? ¿Sucumbir al mal? ¿Dar la razón a los liberales? ¿Entregarnos a la Iglesia muerta? ¿Ceder ante quienes han optado por caminar en la sombra más ínfima de la vida cristiana?

Nunca.

Atrévete a contender sin ser contencioso. Atrévete a preservar la verdad sin herir a nadie. Atrévete a amar y a ser misericordioso.

Levantemos un poco más la barbilla y doblemos un poco más las rodillas, y miremos un poco más lejos al trono de Dios para ver a Jesucristo, que está sentado a la diestra de Dios el Padre Todopoderoso. Seamos valientes pero tiernos, severos pero amables. Y oremos en el Espíritu Santo, viviendo en el amor de Dios, edificándonos en la santísima fe, y ganando a todos los que podamos hasta el día de gloria y de salmos.

Omnipotente Padre Dios
Frederick William Faber (1814-1863)

Omnipotente Padre Dios
danos la fe del Salvador
que a nuestros padres fue sostén
en los momentos de su dolor.
¡Hasta la muerte, en Cristo estén
nuestra esperanza y nuestra fe!

Danos la fe que dio poder
a los soldados de la cruz
que en cumplimiento del deber
dieron su vida por Jesús.
¡Hasta la muerte, en Cristo estén
nuestra esperanza y nuestra fe!

Danos la fe que dé valor
para enfrentarnos con el mal
y por la palabra y por acción
buen testimonio siempre dar.
¡Hasta la muerte, en Cristo estén
nuestra esperanza y nuestra fe!

(Trad. desconocido)

4

El efecto del letargo espiritual

*Despierta, despierta, vístete de poder, oh Sion; vístete tu ropa
hermosa, oh Jerusalén, ciudad santa; porque nunca más
vendrá a ti incircunciso ni inmundo. Sacúdete del polvo;
levántate y siéntate, Jerusalén; suelta las ataduras de tu
cuello, cautiva hija de Sion. Porque así dice Jehová: De balde
fuisteis vendidos; por tanto, sin dinero seréis rescatados.*

Isaías 52:1-3

Este conocido pasaje del Antiguo Testamento, en Isaías, describe
un avivamiento natural, nacional y literal que aún no ha llegado.
Aunque "Sion" se refiere a Israel, su contenido espiritual es para
todos los que nombran con veracidad el nombre del Dios de Israel.
Digo esto porque en ocasiones los hombres quieren esquivar lo
que está escrito en el Antiguo Testamento como si no fuese apli-
cable a ellos; pero Juan el Bautista, el propio Cristo, Pablo y otros
apóstoles y escritores de epístolas del Nuevo Testamento aplicaron
plenamente a los creyentes de su época las palabras de Isaías. Cita-
ron sin vacilar a Isaías y lo aplicaron directamente, sin excusas, a
la iglesia neotestamentaria. Si ellos lo hicieron, nosotros podemos
hacerlo. Y no solo podemos, sino que debemos hacerlo.

El Antiguo Testamento era para los judíos, pero el espíritu del Antiguo Testamento es el mismo que escribió el Nuevo
Testamento. Son aplicables intrínsecamente las mismas leyes;
los mismos principios subyacen en el mensaje. Y, aunque las

dispensaciones cambian, el Dios de todas las dispensaciones sigue siendo el mismo.

Este llamado, "despierta, despierta", va dirigido a quienes duermen. Dormir significa estar inconsciente o semiconsciente. Supone tener los sentimientos y los pensamientos amortecidos, y carecer de consciencia o tenerla muy leve. Cuando viajo en tren, duermo toda la noche. De hecho, duermo mejor en un tren que cuando no estoy en él; es decir, que duermo más tiempo. Seguramente las sacudidas de los rieles me devuelven a mi infancia, porque el golpeteo rítmico de las ruedas y el balanceo del tren me acunan y me adormecen.

Sin embargo, nunca estoy dormido del todo y, al día siguiente, a pesar de haber dormido toda la noche, estoy como aturdido. Es una situación curiosa porque, aunque estoy dormido, solo lo estoy en parte. Mi consciencia está allí y, al mismo tiempo, apenas está. La luz nunca se apaga del todo; solo se vuelve tan mortecina que no permite leer.

Hace algunos años, un hombre sintió que debía salir a dar un paseo a pesar de que era de noche y llovía, acercándose hasta un cruce de una vía muerta. Cuando salió se encontró con un hombre, borracho, dormido sobre los raíles. Lo levantó y lo arrastró alejándolo de allí, antes de que llegase el tren de mercancías y lo hiciera pedazos. El rescatado luego se convirtió y pasó a ser uno de los escritores de himnos de la Iglesia, llevando una vida larga y fructífera.

Aquel hombre estaba dormido, corriendo un grave peligro, y no lo sabía. Si alguien no lo hubiera encontrado, movido por una especie de providencia divina, podría haber muerto. Lo mismo pasa con quienes viven sumidos en un sopor moral. Pueden estar en peligro sin saberlo. El peligro se les puede aproximar sin que los que duermen se inquieten en absoluto.

Por eso Dios dice en Isaías "despierta, despierta", y Pablo dice: "Despiértate, tú que duermes... y te alumbrará Cristo" (Ef.

5:14). Este tipo de sueño conduce a un estado de letargo que ha llevado a la iglesia evangélica a una condición peligrosa de esclavitud espiritual que se manifiesta en dos áreas contrastadas: la moral y la espiritual.

Un letargo moral

El letargo moral significa vivir, tener hábitos y hacer cosas que están profundamente enraizadas en la persona y que Dios aborrece, y sin que la persona se dé cuenta; estos actos son peligrosos para el alma. Supone llevar una vida autodestructiva y perjudicial para otros, y no ser consciente de ello. Consiste en vivir una vida que, sin duda alguna, conducirá directamente a aquel lugar que no nos gusta mencionar, el infierno, y sin embargo no ser consciente de ello. Semejante persona no está viva, ni preocupada, ni inquieta. Está sumida en un estado absoluto de letargo moral.

Dentro de la literatura sobre los avivamientos de Nueva Inglaterra, se usaba la palabra "despertar". A esos avivamientos se les llamó "el gran despertar". Unas personas que habían estado moralmente dormidas (hombres, mujeres y jóvenes despreocupados) se despertaron de repente. Me pregunto si el término que deberíamos usar hoy sería "despertar".

"¿Podemos dormir y trabajar a la vez?". Sí, podemos estar moralmente dormidos e intelectualmente despiertos. Podemos estar moralmente dormidos y aun así regentar negocios, escribir, pintar, trabajar, viajar, pilotar aviones, jugar al béisbol, hacer todo lo que hacen habitualmente los hombres y las mujeres de este mundo. No es que lo que hacen esté mal; trabajar no está mal, lo que anda mal es su vida.

Es totalmente posible estar despiertos intelectual y físicamente y, aun así, estar dormidos moralmente. Creo que esta es una de las cosas que equivocamos en nuestra vida: dormimos en un pecado peligroso. A nadie le gusta que lo despierten. Mentir, engañar, murmurar y pecar en secreto, el avaro, el gruñón y el incrédulo; todos estos pueden estar profundamente dormidos cuando se acerca el día del despertar. Estoy hablando del día del juicio; sin embargo, ellos siguen durmiendo.

Los evangelistas no solían consolar a las personas, sino despertarlas. Solían decir: "Estás dormido y te despertará la trompeta del arcángel". Esto es demasiado cierto de muchas personas que están ajetreadas y son felices, viven en paz y despreocupadas, rodeadas de sus disfrutes sociales: una familia que crece, un hogar confortable. Estas son cosas que están bien, son deseables y positivas, pero uno puede tenerlas y aun así estar moralmente dormido, sin saber el terrible estado en que se encuentra.

Unos cuantos pecadores están semiconscientes; están levemente preocupados, pero siguen adormilados. Otros pocos están muy inquietos pero bastante entumecidos, como alguien que está despierto pero no del todo. He estado con personas que, al cabo de cinco o diez minutos de haberse despertado, todavía estaban soñolientas; no había forma de entenderse con ellas. He conocido a personas muy preocupadas pero aletargadas. No están lo bastante despiertas como para hacer algo al respecto.

Algunas personas, cuando se convierten, lo hacen como cuando me despierto después de una noche de descanso: con una consciencia absoluta y repentina carente de todo adormecimiento. La mayoría de personas no se convierte de esta manera, sino que despiertan de una forma más progresiva. Pero lo que despierte al pecador debería ser un avivamiento completo, que aparta al malhechor de sus malas obras y del peligro que estas comportan.

Si has crecido en un hogar cristiano donde la Biblia, el evangelio, la escuela dominical y la presencia de otros cristianos se han vuelto cosas rutinarias, de modo que ya no te afectan, si ni siquiera la oración te afecta ya, esto es una prueba de que estás moralmente dormido y necesitas despertar.

El letargo espiritual

También hay otro tipo de sueño, que sospecho que está más cerca de lo que tenía en mente el profeta Isaías; sin duda, se acerca más a lo que quiso decir Pablo cuando exhortó: "despiértate, tú que duermes, y levántate de los muertos" (Ef. 5:14). La muerte es un sueño o un letargo espiritual. Yo supongo que el hombre moral que estaba moralmente dormido también lo estaba espiritualmente. Es posible que una persona esté moralmente despierta y luego, poco a poco, recaiga en una especie de somnolencia espiritual que es frialdad y falta de sentimiento sobre Dios y las cosas de Dios, sobre los cristianos, el morir a uno mismo, las Escrituras y la oración.

Uno se acostumbra a las cosas y se vuelve sofisticado. La sofisticación espiritual carece de frescura y de calidez; Dios está lejos, y existe poca comunicación con Él y poco gozo en su persona. Tener un corazón frío, que alberga poca piedad, poco fuego, poco amor y poca adoración es letargo espiritual.

Creo que los cristianos deberían asegurarse siempre de estar despiertos y mantenerse así; que estén alertas a lo que pasa en el mundo. La mayoría de cristianos no se entera de lo que pasa a su alrededor. Lo saben desde el punto de vista histórico y conocen las noticias actuales, pero no saben qué significan estas.

Es posible disponer de un televisor en cada habitación, ver todos los programas de noticias y suscribirse a tres diarios, a las revistas *Time* y *Newsweek*, y aun así no saber lo que pasa, no conocer el significado de lo que sucede. Me he dado cuenta de que el periodismo religioso se dedica ahora a dar noticias religiosas. Dedica páginas enteras a noticias de índole religiosa: qué hizo tal persona, qué hizo aquella otra y quién fue elegido para esto o aquello, quién se reunió con quién, quién es el presidente de esa universidad, y los debates que mantuvieron este y el otro sobre el bautismo; noticias, noticias por todas partes.

Es posible estar atiborrado de noticias religiosas, desbordado de palabrería religiosa, y aun así carecer del discernimiento espiritual para saber lo que significa. Si hay algo que yo le he pedido a Dios es discernimiento espiritual. Esto te vuelve tan popular como un halcón en un gallinero o una mofeta en un almuerzo campestre. Te vuelve muy impopular, y nunca serás popular, porque a nadie le gusta que lo despierten.

Alguien dirá: "Sr. Tozer, estoy de acuerdo con usted en general, pero creo que debo corregirlo en cierto sentido: si alguien está dormido, ¿cómo lo puede despertar? La Biblia dice que está más que dormido, dice que el pecador está muerto. ¿Cómo se puede despertar a un muerto?". Algunos insisten en que hace falta un milagro pertinente de la gracia de Dios para despertar soberanamente a una persona sin su consentimiento. Después de que se haya convertido soberanamente sin que medie su aprobación, crea y esté despierta, entonces se le puede predicar.

¿Se puede despertar a alguien que duerme? ¿Se puede despertar a una persona muerta en sus pecados? No tienes que preocuparte por la técnica ni la psicología del proceso: ¿puedes despertar a tu hijo de 17 años para que vaya al instituto? ¿Puedes? Está muy dormido. A esa edad, el sueño es muy profundo; casi parece muerto. No tiene un solo músculo tenso en su cuerpo. Un sueño profundo: ¿cómo lo despiertas? ¿Te plantarás al lado de su cama y le dirás a tu marido: "Jorge, según mi teología este muchacho está dormido y no me oye y, por tanto, no sirve de nada intentar despertarlo"? Entonces ninguna iglesia tendría jamás un avivamiento, y el propio profeta sería un necio por intentar despertar a nadie.

Isaac Watts (1674-1748) escribió estas terribles palabras:

Id en pos de los placeres,
templad el corazón con cánticos y vino,

disfrutad del día alegre, mas sabed
que el día del juicio llegará.

Pero siguió diciendo esta oración:

¡Dios poderoso! Aparta la vista de ellos
de atractivas vanidades;
que el trueno de tu Palabra
despierte sus almas a tu temor.

Sabía que es posible despertar al que duerme. Dice: "Levántate del polvo y vístete con ropas hermosas", y en la Biblia, como sabemos, las vestiduras son la justicia y la santidad genuina; la bondad básica, la firmeza moral. Durante mucho tiempo me enseñaron que "no hay justo ni aun uno" y, por consiguiente, decir que alguien es "buena persona" es insultar a Dios. La Biblia dice: "Porque era varón bueno, y lleno del Espíritu Santo y de fe" (Hch. 11:24).

Un cristiano debería, por encima de todo, ser una buena persona. Si básicamente no es buena persona, no entiendo cómo puede ser cristiano. Ahora bien, no es bueno por naturaleza. Por naturaleza es, como dijo el teólogo y escritor Loraine Boettner (1901-1990), "un extraño por nacimiento y un pecador por elección". Todo el que se haya convertido de verdad sabe esto. Cuando Dios convierte a una persona, no solo escribe su nombre en el libro de la vida del Cordero y lo justifica de sus pecados pasados, sino que lo induce a convertirse en una buena persona.

Un hombre me escribió y me dijo: "He estado leyendo a Finney. Me he quedado atónito al leer que Charles G. Finney esperaba tanto de un hombre convertido como lo esperamos hoy después de que haya sido lleno del Espíritu Santo. Finney no admitía que un hombre se había convertido hasta que no manifestaba esa pureza de vida que llamamos santificación; empezaba donde nosotros acabamos". Así era Finney, motivo por el cual el 75 por ciento de sus convertidos permanecía en la fe. Finney insistía en que, básicamente, un hombre debía vestirse con sus ropas hermosas para servir al Señor Jesús, y no usarlo simplemente como un medio para conseguir algo.

Sydney J. Harris (1917-1986), columnista del *Chicago Daily News*, era crítico teatral además de filósofo general. En una de sus columnas escribió un breve párrafo en el que decía: "El avivamiento religioso moderno me deja frío por este motivo. Los hombres intentan usar a Dios en lugar de ofrecerse a Dios para que Él los use". Luego añadía estas palabras: "Nadie tiene derecho a pedirle a Dios paz mental a menos que se base en la justicia". Los hijos de este mundo son más sabios en esta generación que los hijos de la luz. De vez en cuando, en alguna universidad liberal o en algún lugar donde no esperaríamos que brillase la luz, alguien hará una afirmación que será como el fogonazo de un relámpago en la oscuridad, diciéndonos que si no tenemos cuidado usaremos a Dios para tener paz mental, hacer negocios, enriquecernos, y no le serviremos jamás.

Si Dios no volviera a responder una sola de mis oraciones en lo que me queda de vida, quiero que sepa que aun así lo serviré hasta que muera. Si no volviera a hacer nada por mí desde hoy mismo, si apartase de mí su mano y permitiera que me hiciese pedazos física, mental, emocional, económicamente y de cualquier otra manera, quisiera que supiera que lo serviré sencillamente porque es Dios.

El énfasis moderno en que Dios es algo conveniente y Jesucristo fue tan bueno que murió por nosotros para que estuviéramos tranquilos es una parodia del evangelio. Los pecadores lo saben, y los liberales también. Solo los pobres evangélicos aletargados son incapaces de darse cuenta.

La bondad esencial, la firmeza moral y la pureza de vida, la honestidad que no engaña a los recaudadores de impuestos o a nadie más, la veracidad que no miente sobre una persona que no está presente, la misericordia, la humildad y el amor perdonador. ¡Qué precioso es vestirse esas ropas, y tenemos unas cuantas! Gracias a Dios hay algunas personas en este mundo que llevan las prendas preciosas de la justicia y de la verdadera santidad, y caminan con su Dios. No son populares ni se oye hablar de ellas, pero caminan en silencio con su Dios.

Thomas Gray (1716-1771), en su obra maestra "Elegía escrita en el cementerio de una iglesia rural", dijo que muchos Milton habían paseado por allí, entre aquellos setos y las espigas de trigo, llenos de las cosas que Milton conocía pero era incapaz de expresar:

Algún Hampden aldeano, que con pecho henchido
resistió al tiranuelo de sus campos patrios;
algún Milton sin gloria y silencioso,
un Cromwell inocente de la sangre de su tierra.

Creo que hoy día por este mundo caminan Pablos y Davides silenciosos, carentes de gloria. Son personas sencillas, santas, que creen en el poder que tiene la sangre de Jesús no solo para salvarnos del infierno sino también para limpiarnos ahora en la Tierra.

A lo mejor no se habla de ellas, son "Miltons silenciosos y sin gloria", pero están entre nosotros. Son las semillas que prometen la supervivencia. "Vístete de poder", dice, y en la Biblia, por supuesto, esto significa el poder del Espíritu Santo. "Despierta, despierta, vístete de poder, oh Sion; vístete tu ropa hermosa, oh Jerusalén, ciudad santa; porque nunca más vendrá a ti incircunciso ni inmundo" (Is. 52:1).

A menos que despertemos de nuestro letargo espiritual, esta generación de cristianos corre más peligro de abandonar la fe que cualquier otra generación previa. Ruego que todos aquellos que estamos despiertos hoy cumplamos con nuestro deber y nuestro privilegio, y nuestro derecho bajo la gracia, que es ser llenos del Espíritu Santo de modo que nos levantemos, brillemos y dejemos que nuestra luz resplandezca en el mundo. Es hora de despertar.

Hijos de Adán, jóvenes vanos
Isaac Watts (1674-1748)

Hijos de Adán, jóvenes vanos,
a la vista y a la lengua dad placer,
gustad placeres que ama vuestra alma,
y vuestro fuego liberad;

Id en pos de los placeres,
templad el corazón con cánticos y vino,
disfrutad del día alegre, mas sabed
que el día del juicio llegará.

Dios en lo alto sabe lo que pensáis,
en sus libros el pecado Él fiel anota;
si a las obras de la noche habéis cedido,
bajo el sol radiante se manifestarán.

El castigo por vuestras perversiones
debería el corazón de terror inundar.
¿Cómo podréis venir a su presencia
o darle cuentas por su gracia mancillar?

¡Dios poderoso! Aparta la vista de ellos
de atractivas vanidades;
que el trueno de tu Palabra
despierte sus almas a tu temor.

5

El proceso de deslizarse

De sus caminos será hastiado el necio de corazón;
pero el hombre de bien estará contento del suyo.

Proverbios 14:14

El cristiano que se desliza es una de las amenazas más graves a las que se enfrenta la iglesia evangélica moderna. Si la Iglesia pretende concluir la misión de la evangelización del mundo antes del regreso de Cristo, hemos de abordar este problema tan grave.

La palabra "reincidencia" procede de la recaída en el pecado de Israel, como una ternera que resbala. Cuando era niño y vivía en una granja, vi cómo pasaba eso. Un animal empezaba a subir por una pendiente resbaladiza y, al llegar a cierto punto, perdía tracción y resbalaba pendiente abajo después de muchas caídas y esfuerzos por levantarse. A veces no podía ni levantarse. El hombre de Dios, sin intención alguna de ser gracioso, dijo que Israel era como los animales a los que había visto intentar escalar una colina resbaladiza. Se esforzaban y luchaban con fuerza, pero luego retrocedían tantos pasos como habían avanzado.

El corazón inconstante

Hay dos motivos principales para el retroceso. El primero es *la inconstancia del corazón humano*. Sería maravilloso que pudiéramos quedarnos donde estamos, pero también sería terrible. ¡Qué triste sería nuestro estado si no pudiéramos cambiar! Nuestra esperanza está en nuestra capacidad de cambiar de forma de pensar.

El llamado de Dios al arrepentimiento requiere cambiar de un estado a otro mejor. Si no pudiésemos pasar de un estado a otro, estaríamos estáticos moralmente; estaríamos condenados. Dado que es posible pasar de un estado moral a otro, podemos pasar del mal al bien y hacer las paces con Dios. Podemos volvernos buenos, aunque antes fuéramos malos; podemos ser santos, aunque antes fuéramos impíos. Esta misma capacidad de pasar de un estado moral a otro y de cambiar de forma de pensar puede inducirnos a no deslizarnos.

La advertencia es que, por regla general, lo único que respeta una persona (comer, beber, dormir, conservar su salud u obedecer a algún otro instinto interno poderoso) es aquello que la naturaleza la obliga a hacer. Mientras siga existiendo la raza humana siempre habrá amor, matrimonio y todo eso, porque es un instinto muy arraigado en la naturaleza del ser humano. Pero nos resulta fácil alejarnos de todo aquello que requiere planificación y un trabajo meticuloso y cansado.

La gente tiende a seguir lo que es fácil y sigue el dictado de la naturaleza. Aparte de los impuestos y de algunas otras obligaciones que nos imponen desde fuera, ya sea por naturaleza o por ley, normalmente hacemos lo que nos gusta o lo que nos resulta natural. Este es el terreno fértil para retroceder. Una persona sometida a la presión del duelo o del miedo se vuelve a Dios durante un tiempo, pero el instinto de permanecer en Él no forma parte de ella. Su instinto la incita a ir en dirección opuesta. Esto de leer la Biblia y orar resulta fatigoso. Se convierte en una actividad tediosa, de modo que se va comiendo terreno poco a poco hasta que la persona ha retrocedido mucho.

Si hicieras una encuesta a todos los hombres y mujeres que, sometidos a la presión evangelística, dieron algún paso hacia

Dios, verías que hoy ya se han olvidado de Él. Ahora viven como si no hubiera un Dios en los cielos. Te digo que te produciría una conmoción insuperable si pudieras verlos a todos, de pie en algún estadio, como estatuas, fila tras fila. Aunque algunos dieron pasos hacia Dios o incluso lo conocieron, aquello no duró, porque servir a Jesucristo es contrario a la naturaleza humana. Por naturaleza no somos perseverantes. La volubilidad del corazón humano hace que la persona se aparte, y pierda el terreno ganado.

El corazón malvado

Otro factor que provoca la recaída es *la maldad inherente del corazón humano*. Toda la naturaleza del ser humano se opone a ser bueno. Aquí debes recordar dos cosas. Si ahora fuéramos lo que fuimos originariamente, hechos a la imagen de Dios, sin pecado, sería perfectamente natural servirle como lo hacen los ángeles del cielo y los serafines junto al trono, a quienes no les cuesta ningún esfuerzo hacerlo. En ellos no hay nada que los aparte de Dios.

Cuando se la crea para servir a Dios, una criatura hace lo que es propio de su naturaleza, como lo hace un pato cuando va al agua. Un pato sigue los dictados de su naturaleza; y los ángeles santos en los cielos siguen su naturaleza, que es servir a Dios. Si tú y yo fuéramos lo que deberíamos ser, sin caída y sin la mancha y la contaminación del pecado, seríamos capaces de servir a Dios como lo hacen los ángeles, sería algo natural para nosotros y fluiría como una fuente debido a la presión interior. Pero somos seres caídos.

Un hombre vuelve su rostro a hacer lo que hizo en la antigüedad en Adán, y lo que debería hacer ahora, pero el pecado le ha arrebatado la capacidad de hacerlo. El pecado se infiltró en nuestra naturaleza. Por lo tanto, cuando oramos no es natural. Todos hemos de acumular la paga del pecado si decimos "Padre nuestro, que estás en los cielos". Pero si ese pecado no hubiera venido para dominarnos, simplemente levantaríamos nuestras voces y, como los pájaros, cantaríamos las alabanzas de Dios sin apartarnos de Él ni enfriarnos.

El retroceso siempre empieza en el corazón. Las personas culpan a otras circunstancias y dicen: "Es mi vida en el hogar. Es el lugar donde trabajo. Es la escuela. Es porque he estado enfermo, o porque tuve que trabajar demasiado. Fue porque no tenía tiempo". Estas son cosas externas; el retroceso empieza en el corazón.

Cuando el corazón de una persona se enfría, Dios lo sabe antes que ella. Después de Dios, la persona es consciente de ello. Entonces lo descubre la Iglesia y, si el proceso sigue adelante, lo descubre el mundo. El orden es siempre este. Cuando el mundo descubre que un hombre o una mujer se ha deslizado y ha renegado de su fe, la Iglesia lo supo siempre antes que el mundo, y el individuo antes que la Iglesia; pero Dios lo supo antes de que lo supiera el hombre o la mujer. El retroceso espiritual siempre empieza en el corazón humano.

Lo que sucede en el corazón descarriado

¿Qué le sucede a la persona cuyo corazón se extravía? Para empezar, pierde interés por las cosas de Dios y, gradualmente, vuelve a las viejas costumbres o a pecados más refinados que solía cometer. Pierde interés por Dios. Su corazón no está tan apasionado como semanas, meses o un año antes, y se enfría su amor por Dios.

Además, pierde interés en tener comunión con Dios. Si las cosas con Dios no te van tan bien como solían, lo único amoroso y sincero que puedo decirte es que tu corazón ha empezado a retroceder. Si antes te gustaba orar, ahora te gustará tanto como siempre. Si no te gusta orar tanto como antes, ¿a qué otra conclusión puedes llegar?

Si un médico hace un recuento hematológico y descubre que

la cifra es baja, ¿qué puede hacer? ¿Y si hace otra prueba y descubre que la salud del paciente corre peligro, qué puede hacer un médico honesto? No le dará una palmadita en la espalda y le dirá: "Nos vemos en el campo de golf el sábado. Todo va bien". ¡Qué estúpido sería ese médico, y qué traidor para su profesión! Solo puede hacer una cosa. Debe manifestar sus descubrimientos y decir: "Amigo, no estás en tan buena forma como antes. Escúchame porque tengo algo que decirte". Entonces el médico ofrece algunas sugerencias a su paciente para que mejore su salud. La cuestión es que el médico honrado le dirá a un paciente que en las pruebas clínicas ha detectado un problema de salud.

Descarriarse supone perder nuestra comunión individual con Dios. Lee algún himnario antiguo y verás cómo los escritores amaban tener comunión con Dios. La comunión con Dios era dulce para ellos. ¡Hoy día tenemos tantas cosas que compiten por nuestro tiempo de comunión con Dios... tantas cosas que nos distraen de guardar silencio delante de Él!

El retroceso anida en el corazón, y esas otras cosas son solo ayudas externas del diablo. Cuando un hombre retrocede en su corazón tiende a aburrirse un poco. Si un cristiano brillante y sincero te aburre; si cuando estás en un grupo reducido tomando un café o un refresco te aburre o te avergüenza que alguien saque el tema de Dios, es conveniente que examines tu corazón. Siempre que hablar de Dios, su Palabra y su obra en el mundo nos aburre, ten por seguro que algo anda mal en nuestra vida.

Para ser todo lo sincero y realista que sea posible, te diré que algunas personas son aburridos religiosos. Tienen la costumbre de introducir la religión en las circunstancias más imposibles y lo hacen por hábito, sin ninguna sinceridad o espontaneidad, pero solo porque las han entrenado para hacerlo, como a las focas amaestradas. Aburrirían hasta a un arcángel. Pero si llega un cristiano sincero, de corazón alegre, y se pone a hablar de Dios y a ti te aburre o te avergüenza, es que estás en mala compañía. Si la conversación espiritual te aburre (y no hablo de ese parloteo religioso que aburriría a cualquiera), algo se ha torcido dentro de tu corazón. Lo mejor que puedes hacer es admitirlo y reconocerlo delante de Dios.

Otro síntoma es la presencia de un espíritu crítico contra otros predicadores. Algunas personas no quieren oír a alguien que no sea Billy Graham. Cuando predica un hombre sencillo, bueno, honesto, que no es un orador experto y comete algunos errores, y les habla de las cosas de Dios, la gente dice: "Ah, bueno, no está mal". Vendrán a escuchar en número reducido y sin celo, sin entusiasmo, a menos que sea un predicador extraordinario. Pues yo te digo que estaría bien que nos humillásemos y escucháramos a alguien que tiene algo que decir. Creo que deberíamos orar: "Dios mío, dame un corazón tan sensible que pueda obtener ayuda de todo el mundo". No hablo de recibir ayuda de hipócritas ni de fingidores; esos no pueden ayudar a nadie. No acudo al diablo en busca de ayuda, sino a todo hombre de Dios sincero.

Deberíamos tener cuidado, no sea que nos volvamos demasiado profesionales y desarrollemos la tendencia a criticar sin piedad. Otra cosa es que la cuestión sea mejorar algo. Si el objetivo es intentar elevar el estándar, ayudar a la gente a escribir, predicar, orar, hablar y exhortar mejor, eso es totalmente distinto, y sin duda está bien. Pero si solo se trata de murmurar, no me interesa oírlo. Si el hombre escribe o canta y es una persona honrada, debería hacer arder mi corazón con su sinceridad... si no me he descarriado.

Si a todas las personas que entran en una iglesia un domingo por la mañana se les está enfriando o se les ha enfriado ya el corazón, y no tienen en él lo que su aspecto parece manifestar que tienen, más de un pastor debería pasarse la tarde postrado sobre su rostro, llorando entre la puerta y el altar, diciendo: "¡Oh! ¿Qué he hecho, o qué no he hecho, para ver a mi congregación en semejante estado?".

Salomón escribió: "De sus caminos será hastiado el necio de corazón; pero el hombre de bien estará contento del suyo" (Pr. 14:14). Significa que el que se ha descarriado en su camino pronto se hartará de sí mismo. ¿Cómo? Se cansará de sí mismo cuando intente orar y descubra lo pesado y vergonzoso que es ser devoto. Le piden que ore y procura ser devoto, pero su corazón hace mucho que rompió la comunión. Es como un electrodoméstico listo para que lo enchufen en un lugar donde no hay electricidad. Lo enchufan correctamente, pero no pasa nada. Al cabo de un tiempo una persona se cansa de esto, se hastía de testimonios huecos. Son falsos, y las palabras son estériles. Sin embargo, no se atreve a dejar de hablar, porque tiene la reputación de ser un buen cristiano.

En las iglesias hay muchas personas que tienen la reputación de ser buenos cristianos; pero en secreto interrumpen su comunión con Dios. El fuego merma y apenas sienten a Dios en su vida; sin embargo, deben seguir con las apariencias, de modo que incluso permiten que les elijan para formar parte de comités y de grupos de jóvenes, coros y demás. Me temo que todo eso es inútil, porque el corazón se ha descarriado. Cuando Dios descubre que nuestros corazones se han enfriado, y no lo admitimos ante nosotros mismos en nuestros momentos secretos, hemos llegado a un punto en el que, si somos sinceros, Dios y la religión nos aburren. No lo admitiremos porque hacerlo nos avergonzaría, pero es cierto.

¿Qué crees que piensa Dios de nosotros? Jesús, en el libro de Apocalipsis, dice: "Pero tengo contra ti, que has dejado tu primer amor" (2:4). Reprendió a aquella iglesia porque descubrió lo que pasaba en el siglo II. Los reprendió porque perdían su afecto pero no lo admitían. Ninguno de los ancianos en la iglesia de Éfeso que se levantaban a predicar, ninguno de los diáconos que pasaban la ofrenda, ningún miembro de la junta se atrevía a levantarse y decir: "Estoy cansado de Dios. Todo este asunto me cansa". Jesús dijo: "No veo la pasión que veía antes. Ustedes ya no sonríen; su aliento ya no es cálido; el tono de su voz no es tan afectuoso. Lo extraño. Ustedes han dejado su primer amor". Al cabo de un tiempo, un hombre se cansa de eso: de intentar mantener las apariencias religiosas mediante un testimonio vacío y charlar de Dios con cristianos entusiastas, fingiendo que disfruta con ello.

A algunos les aburre la asistencia regular a la iglesia. Alguien les ha dicho: "No envíen a sus hijos a la escuela dominical; levántense de la cama y llévenlos ustedes". Deciden que seguirán ese consejo, y eso es bueno. Me alegra que lo hagan, pero sería mucho mejor si además lo disfrutasen. A mí me han obligado a asistir a reuniones religiosas a las que no quería ir. Sabía que no iba a sacar nada de ellas, y no podía contribuir en nada, pero fui porque las circunstancias me obligaron a hacerlo. Si tengo que hacer algo que no me gusta hacer, pronto me aburrirá. Esto es una evidencia de algo en lo que prefiero no pensar.

Luego tenemos el tema de la ofrenda; el pueblo de Dios que tiene el corazón ardiente da espontáneamente. Les encanta. Dan con alegría, porque para ellos ofrendar es un placer.

Si yo no fuera cristiano, no daría el diezmo. Todos esos amantes de crear discordia que se te acercan e intentan demostrarte que si das el diezmo tendrás más dinero que si no lo hicieras; todo ese esfuerzo de baja calidad para inducir a la gente a ofrendar no es cristiano, ni espiritual, ni decente. ¿Qué tipo de persona serías si llevaras ofrendas a la casa de Dios sabiendo que al hacerlo prosperarías más que si no lo hicieras? ¿Qué tipo de persona serías si llevaras ofrendas a la casa de Dios sabiendo que entonces tendrías más que si no dieras el diezmo? Eso es dar el diezmo para obtener más. ¿Qué tipo de persona serías?

Cuando has perdido la alegría, te cansas de dar por costumbre. Al cabo de un tiempo la persona superará ese cansancio, y ruego que sea más pronto que tarde, y se mantendrá alegre.

Mantente espiritualmente alegre y relájate. En Gálatas 6:1, Pablo nos dice: "Hermanos, si alguno fuere sorprendido en alguna falta, vosotros que sois espirituales, restauradle". Las palabras que utiliza Pablo son términos médicos, y hablan del caso en que una persona se disloca un brazo o un hombro y alguien los vuelve a colocar en su sitio. Ruego a Dios que nos haga el tremendo favor de ir de corazón a corazón, de mente a mente y de alma a alma; que nos pruebe con su contador Geiger espiritual. Y, si detecta que nos hemos enfriado, que nos cure.

Recuerda cuando Jesús miró a Pedro. Las Escrituras nos dicen: "Entonces, vuelto el Señor, miró a Pedro; y Pedro se acordó de la palabra del Señor, que le había dicho: Antes que el gallo cante, me negarás tres veces. Y Pedro, saliendo fuera, lloró amargamente" (Lc. 22:61-62).

No sé lo que dijo Jesús. Simplemente, se giró y miró a Pedro. La mujer preguntó: "¿No eres tú uno de sus seguidores?", y Pedro contestó: "No".

Ella le dijo: "Pues tienes el mismo acento".

Él dijo: "No lo soy".

Ella volvió a decir: "Sí lo eres. Tu forma de hablar lo deja claro".

Entonces él dijo: "No soy cristiano. Voy a hacer algo que no haría ningún cristiano". Así que maldijo. Sus actos decían que, si actuaba como un cristiano, quizá lo arrestaran junto a Jesús. Por lo tanto, para demostrar que no era cristiano decidió maldecir, y lo hizo.

Al final, ella dijo: "Ah, de acuerdo, es cierto. No eres cristiano".

Justo antes de morir, Jesús se volvió y miró al apóstol maldiciente. Pedro no tenía muchos estudios, pero sabía perfectamente lo que era justo y lo que no. Miró aquel rostro y vio dolor, sufrimiento, tristeza, anhelo y amor. Todo ello demasiado para él. Salió corriendo de la casa y, buscando un rincón, escondió el rostro entre las manos y lloró amargamente. El lenguaje griego nos dice que se trató de un torrente de llanto incontenible. Sin embargo, Jesús no había dicho una sola palabra: se limitó a mirar a Pedro.

Me pregunto si ese tierno Jesús no te mirará a ti; solo mirarte, nada más. ¿Cómo responderás?

¿Qué vas a hacer con Cristo?
A. B. Simpson (1843-1919)

Jesús ante Pilato está,
sin amigos, rechazado, por todos traicionado;
¡Escucha! ¿Qué es eso que resuena?
¿Qué vas a hacer con Cristo?

Jesús está ante el tribunal,
y si tú quieres puedes mentir,
o serás fiel hasta la muerte:
¿Qué vas a hacer con Cristo?

¿Le eludirás como Pilato?
¿Le seguirás sin condiciones?
De Él no puedes esconderte:
¿Qué vas a hacer con Cristo?

¿Serás cual Pedro y le negarás?
¿O del enemigo no huirás
osando por Jesús vivir o morir?
¿Qué vas a hacer con Cristo?

"¡Jesús, te entrego hoy mi corazón!
Jesús, te seguiré do quieras vayas,

y te obedeceré", podrás decir:
"¡Eso haré con Cristo!".

¿Qué vas a hacer con Cristo?
Neutral no podrás ser;
un día tu corazón dirá:
"¿Qué hará conmigo Cristo?".

6

LA LEY IRREFRENABLE DE LAS CONSECUENCIAS

Así ha dicho Jehová de los ejércitos:
Meditad sobre vuestros caminos.

HAGEO 1:7

La mente humana está hecha de tal manera que debe pensar en algo; por consiguiente, hace concesiones al pensar en la forma de actuar de otros. Los fariseos eran una clase social que reconocía los pecados de todo el mundo menos los propios. Meditaban sobre los pecados de la prostituta, el recaudador de impuestos y el borracho, pero nunca tenían en cuenta sus propios pecados. En la Palabra y desde los cielos una voz se dirige a nosotros y nos dice: "Meditad sobre vuestros caminos", examinadlos a fondo y meditad en ellos.

La sociedad conspira para impedirnos hacer esto. La sociedad humana organizada quiere que hagamos de todo menos meditar en nuestros caminos. Sin embargo, esto es más importante que cualquiera de los objetos que exigen nuestra atención. Puede que pienses en una casa, un coche, un viaje o tu salud; son muchas las cosas legítimas en que pensar. Pero más importante que cualquier rama del conocimiento en que puedas meditar en cualquier momento y lugar, debes prestar una atención cuidadosa, seria, inteligente y sincera a tus caminos. Cuando las Escrituras dicen "meditad sobre vuestros caminos", quiere decir que pensemos en nuestra conducta moral. Fíjate que dice que medites en tus propios caminos, lo cual es contrario a nuestra costumbre habitual. Y la misión del Espíritu Santo es centrar ahí nuestra atención.

La ley de las consecuencias

Todo está relacionado con su pasado y su futuro. Todo acto realizado, todo lo que existe, toda palabra que pronuncias y todas las cosas que haces están relacionadas con el pasado como causa y con el futuro como efecto, que produce otra consecuencia. Una ilustración sencilla es la del huevo que está en el nido. El huevo del nido es el efecto de otro acto, el acto anterior del ave que lo puso. Aunque es la consecuencia de un hecho, también es la causa de otra cosa, que será el nuevo pajarito que saldrá de él. Es un vínculo entre lo que fue y lo que será. Lo mismo pasa con todos los pensamientos que tienes y todos los actos que realizas; con ellos estableces un vínculo entre algo que te hizo hacer, pensar o decir esa cosa, y aquello que será el resultado de haberla dicho, pensado o hecho.

Todo tiene una consecuencia. La maldición y la bendición no carecen de causas. Todo es un efecto de alguna otra cosa. Y no solo es cierto que todo es consecuencia de otra cosa, sino que también provoca consecuencias. La palabra más simple que hayas dicho hoy fue el resultado de cierto condicionamiento de tu mente y de tu corazón ayer. Tus palabras tendrán consecuencias mañana. Puede que no sean graves, pero tendrán consecuencias. Todo lo que eres, dices, haces o piensas es el resultado de alguna elección que hiciste en el pasado, y dará como resultado que en el futuro digas, hagas, seas o pienses algo.

Todo tiene consecuencias con una importancia dual. Es importante por lo que es en sí mismo y también por lo que origina. Siendo criaturas inteligentes y morales, debemos dar cuenta de nuestros actos. Creo que supondría una diferencia maravillosa en nuestras vidas que recordáramos, y creyésemos, que vamos a dar cuenta a Dios por todo acto y toda palabra.

No estoy seguro, pero puede que esto sea, en última instancia, lo que tenga una importancia más vital sobre las consecuencias, los actos, los efectos y las causas; es decir, lo que hace a nuestra estructura moral, el efecto que tiene en nuestras vidas. Porque lo que somos determinará nuestro destino. Nuestra composición moral determinará para nosotros el cielo o el infierno.

El acto de aceptar a Cristo, si es genuino, tiene un efecto inmediato sobre toda nuestra vida moral, y cambia a la persona, que deja de ser mala y pasa a ser buena. No hay ningún truco de la gracia por el que Dios permitirá que entren en su cielo personas de mente sucia, malvadas, farisaicas y viles. Cuando Dios salva a una persona, la libra del pecado. Si no ha sido salvada del pecado, ¡es que no ha sido salvada! No hay ningún acto de gracia, ningún truco de la misericordia ni ninguna justificación que pueda llevar a un hombre impío a la presencia de Dios o a un hombre malo al cielo santo de Dios. Jesús no vino a llamar a los justos, sino a los pecadores al arrepentimiento. No vino a llamar a las personas que se consideraban justas, sino a aquellas que se sabían pecadoras. Cuando nos llama a sí mismo y nos salva, nos salva de nuestro pasado y de nuestra iniquidad; y, mediante un triple acto de justificación, regeneración y santificación, nos hace dignos del cielo.

Es un error pensar que la justificación es un manto de justicia impartido, que se echa sobre un hombre sucio, mugriento, que necesita con urgencia un baño y está lleno de piojos, cubierto por la suciedad acumulada durante toda una vida, y que se yergue osadamente en el cielo santo del Dios Todopoderoso, entre los serafines, los querubines, los arcángeles y los espíritus de los justos hechos perfectos, y dice alegre e impertinentemente: "Merezco el infierno. Soy un hombre sucio, pero, ¿qué vas a hacer al respecto? Tengo sobre mis hombros el manto de la justicia de Cristo, y eso basta".

Dios salva solamente a pecadores, y solamente a aquellos que saben que son pecadores. Salva solo a los pecadores que admiten que lo son; pero salva a los pecadores y hace que dejen de serlo para convertirse en hombres buenos y llenos del Espíritu Santo. Cuando enseñamos cualquier otra cosa, enseñamos una herejía. John Newton era puritano, y se hubiera horrorizado si hubiese escuchado las doctrinas que oímos actualmente.

Yo afirmo que todo acto tiene consecuencias en nuestra estructura moral, en lo que somos, que es lo más importante de ti. Nadie me engaña con su vestido. Y, por supuesto, nadie engaña al Espíritu Santo. Nadie impresiona al Espíritu Santo por su hermoso aspecto o por el color de su piel. Nadie impresiona al Espíritu Santo por su educación, sus títulos o los lugares donde ha estado. Nuestras elecciones tienen consecuencias para nuestra estructura moral, ya sea para fortalecer la virtud o para pudrir el centro nervioso de esta. Ya has conocido a personas cuya virtud se ha podrido en lo más hondo, como un árbol a punto de derrumbarse en tierra.

Esto también tiene una consecuencia secundaria, que es el efecto que provoca en otros. Ningún hombre vive solo para sí. Directa o indirectamente, tú influyes profundamente en otras personas. Si eres un cristiano que vive de cualquier manera, puede haber personas que usen tu estilo de vida indiferente como un escudo, un lugar donde esconder su iniquidad mucho más grave. O quizá haya quienes se arrodillen y digan: "Dios, hazme como el hermano Fulano, hazme como la Sra. Mengano". Pueden pasar ambas cosas, porque los actos tienen consecuencias y son resultado de ellas, tanto si son impulsivas como si las hemos meditado cuidadosamente.

El acto vital de la elección

Ningún acto tiene una consecuencia tan amplia como la elección. Todo lo que somos es el resultado de las elecciones que hemos hecho. Lo que somos hoy es un resultado de las elecciones que hicimos ayer; todo lo que haremos mañana será consecuencia de las elecciones que hagamos hoy. Esas elecciones pueden ser buenas o malas; pueden basarse en la ignorancia o en un buen consejo; pueden ser impulsivas o fruto de una gran reflexión; pueden hacerse por despecho.

Una pareja joven tiene una discusión y la muchacha sale corriendo, se casa con otro y dice: "¡Se va a enterar ese estúpido!". Entonces vive con su segunda elección durante toda su vida mientras susurra a sus amistades: "¡Ha sido el mayor error de mi vida!". Podemos tomar decisiones egoístas y cobardes, decisiones que tomamos porque nos da miedo tomar otras distintas. Sin embargo, podemos tomar decisiones sabias, altruistas, precavidas, valientes, humildes, inspiradas por fe y obedientes a Dios.

Las decisiones que toma una persona la señalan como sabia o necia. El sabio es consciente de que debe dar cuentas de las cosas que ha hecho estando en el cuerpo, pero el necio no lo sabe. En la Biblia, la Palabra "necio" no describe a un hombre que tenga una deficiencia mental. Un necio es el hombre que actúa sin tener en cuenta las consecuencias.

Sin embargo, es más profundo que la moralidad, porque la moralidad tiene que ver con la ética, la justicia y nuestra relación con nuestros semejantes y con nosotros mismos. Está en el espíritu del hombre. En la Biblia, un hombre sabio no es necesariamente alguien con estudios o con un alto nivel cultural, aunque podría serlo. Un sabio es aquel que actúa sin perder de vista las consecuencias. Piensa: "¿Cuál será el resultado de esto?". Entonces actúa de tal manera que esta dé pie a unas consecuencias de las que no tendrá que avergonzarse ni sentir miedo en los días venideros. Esto explica la diferencia entre la sabiduría y la necedad tal como Dios las entiende.

Un hombre cultivado, un hombre con cierta presencia en el vecindario, un hombre rico, un hombre que miraba al futuro pero que nunca pensó qué pasaría cuando dejara de latir su corazón, era un necio. Nuestro Señor lo dijo. El infierno está lleno de necios, y el cielo de sabios. Nunca habrá un necio en el cielo, y nunca un sabio en el infierno. Según la definición de Dios, un necio es alguien que actúa sin tener en cuenta las consecuencias y que toma decisiones sin pensar en la eternidad. En el cielo no habrá nadie así. El cielo estará lleno de todo lo contrario.

La idea de que Dios ama a los malvados y no soporta a un hombre decente es una herejía moderna. No es cierto ahora ni lo ha sido nunca. Pero si el malo se volviera lo bastante sabio como para tomar su decisión eterna a la luz de las consecuencias eternas, y se decidiera por Dios y por Cristo, y por la sangre del Cordero, el arrepentimiento y la liberación del pecado, sería un hombre sabio, y Dios lo considerará como tal; y el cielo estará lleno de personas así.

Los necios eligieron con quiénes deseaban casarse, pero cuando lo hicieron no pensaron en la eternidad. Eligieron lo que querían hacer con su dinero, y lo hicieron. Eligieron lo que iban a decir, y pensaron: *Nuestros labios son nuestros; nuestras lenguas nos pertenecen. ¿Quién puede decirnos qué debemos hacer con ellas?* Por consiguiente, dijeron lo que quisieron, pero sin pensar en el mañana, en el día del juicio, en el rostro terrible de Dios o en el gran trono blanco. Fueron necios.

El infierno está lleno de necios, y el cielo de sabios. En el cielo hay sabios que cuando estuvieron en el mundo eran analfabetos; y en el infierno hay necios cultivados que tenían tantos títulos tras su nombre como la cola de una cometa. Lo sabían todo menos una cosa: que eran necios.

Elige bien hoy

Nuestra decisión principal consiste en elegir entre la vida y la muerte. Dios ha dejado esa decisión a nuestro libre albedrío. "Elijan en este día", dice el Espíritu Santo. Lo que elijamos es cosa nuestra. Si un hombre no puede pecar, no puede ser santo. Si no puede pecar, no es libre, y si no es libre no puede ser santo. El libre albedrío es tan necesario para la santidad como lo es para el pecado. La santidad es el libre albedrío moral que da como resultado la elección correcta de la santidad y la justicia. Nadie elige deliberadamente la muerte. Como dijo Tennyson:

> No importa lo que dijo la alocada tristeza:
> ningún hombre que tuviera aliento mortal
> ha anhelado de verdad la muerte.
> Lo que ansiamos no es la muerte, sino la vida.

Nadie desea la muerte; lo único que hacen es elegir el camino que lleva hasta ella. Lo han elegido por medio de una serie de pequeñas decisiones. Han hecho la decisión final de la locura moral. Han elegido la muerte. No es que la hayan mirado a la cara y le hayan dicho "¡Te elijo!", sino que se fijaron en todos los caminos placenteros que llevaban a ella y dijeron: "Los elijo".

Las ciudades no optan por pudrirse y morir; simplemente eligen las cosas que las llevan a pudrirse y a morir. De la misma manera que los hombres no eligen la vida o la muerte, tampoco eligen la vida por sí misma. Ninguna persona puede afirmar con tesón "Elijo la vida" en este sentido. Dice: "Elijo a quien me da la vida. Elijo el camino a la vida. Elijo la vida porque repudio la muerte".

La Biblia dice: "Elige en este día, elige la vida". Sin embargo, tienes que venir donde está la vida. Eliges el agua, pero vienes adonde está el agua y bebes de ella. Eliges ser salvo, pero para serlo tienes que venir donde está el Señor y Salvador y ponerte en sus manos. Tomamos la decisión correcta cuando partimos del arrepentimiento.

Hay personas que quieren influenciarte. Algunos serían mejores cristianos si no estuvieran sometidos a la influencia de aquellos que no son buenos cristianos. Algunos son influidos para tomar malas decisiones. Quienes influyen en ti son ciegos, implacables, insensibles o moralmente irresponsables, y no podrán ayudarte en aquel último día.

La persona que te aparta del camino, que te influye y te aparta del sendero correcto, dirá en aquel día: "¿Y a mí que me importas? No puedo responder por ti. ¡Encárgate tú!". Ese socio del trabajo que te invita a tomar atajos, a engañar y ser un poco fraudulento, que te sonríe, te da palmaditas en la espalda y dice a los demás "¡El bueno de José! Es un tipo genial, ¡ja, ja, ja!". Sin embargo, llegará un día en que "el bueno de José" estará solo (como tú), y tu compañero de trabajo no podrá ayudarte en absoluto.

Yo quiero invitarte a que, si vives sin tomarte en serio tu vida cristiana, reflexiones sobre tus caminos y empieces a llevar una vida cristiana que avergüence al diablo y agrade a Dios, y te encamine por la vía que lleva a la vida de victoria, el servicio fructífero y el carácter santo.

Debes tomar la decisión. Esa elección dará como resultado unos actos que a su vez forjarán tu destino. Dios te ha concedido el honor de poder elegir. ¿Has elegido a Aquel que da la vida?

La coexistencia de la gracia y las consecuencias

Una de las características del letargo espiritual es que la persona afectada malinterpreta la ley de la consecuencia. Por algún motivo, muchos cristianos tienen la idea de que cuando nacen de nuevo no tienen que enfrentarse a ninguna consecuencia. Por consiguiente, muchos llevan una vida en la que ignoran flagrantemente la idea de las consecuencias. Después de todo, dicen ellos, "vivo por gracia".

Nadie cuestionaría que el rey David fuera un hombre santo. La Biblia incluso dice de él que era un hombre conforme al corazón de Dios (ver Hch. 13:22). Sin embargo, ese hombre santo padeció tremendamente en esta área de las consecuencias.

Teniendo en cuenta todas las victorias que obtuvo, sería fácil dar por hecho que no tenía que preocuparse por esa faceta de la vida.

La historia de David y Betsabé es bien conocida para todos los que leen las Escrituras (ver 2 S. 11–12). Fue uno de los momentos más oscuros en la vida de David. Tomó determinadas decisiones, y debido a ellas se materializaron determinadas consecuencias. Cada acto tiene una consecuencia asociada.

En el caso de David, el acto fue su relación adúltera con Betsabé. Este acto fue una decisión que tomó por su cuenta y cuyas consecuencias tuvo que padecer. La consecuencia fue la muerte del hijo de David y Betsabé. Por mucho que David rogó a Dios que perdonase la vida de ese bebé, el niño murió. Un principio de las Escrituras que a veces se entiende mal es el que hallamos en Gálatas 6:7: "No os engañéis; Dios no puede ser burlado: pues todo lo que el hombre sembrare, eso también segará". Esta es la ley inevitable de la consecuencia.

Debido a la creciente apatía espiritual que afecta a muchos cristianos, a menudo tomamos decisiones sin tener en cuenta en absoluto cuáles serán sus consecuencias. O quizá hayamos cultivado el espíritu de la expectativa injustificada. Con esto quiero decir que nuestra expectativa no está asociada con nuestras elecciones. No te equivoques: hoy te enfrentas a las consecuencias de las decisiones que tomaste ayer. Mañana tendrás que bregar con las consecuencias de lo que decidas hoy.

Por gracia a la victoria
Fanny J. Crosby (1820-1915)

Conquistador presente y también futuro
cabalga un rey con gran poderío;

conduce a la hueste de todos los fieles
hasta el centro de la lucha con gran brío.
Míralos cómo avanzan con coraje,
vestidos con sus ropas luminosas,
van clamando de su adalid el nombre,
y escúchales gritar en su alegría:
No es para el valiente la batalla,
ni para el más veloz es la carrera;
mas la victoria cierta y verdadera
es la promesa de la pura gracia.

Conquistador presente y también futuro,
¿quién es este rey maravilloso?
¿Y quiénes son las huestes que dirige,
que cantan de su gloria al avanzar?
Él en nuestro Señor, Redentor nuestro,
es Salvador y nuestro Rey divino.
Ellos, los astros que por siempre brillan
por la eternidad allá en su reino.

Conquistador presente y también futuro,
Jesús, que todo lo gobiernas,
tronos y sus cetros serán polvo,
perecerán coronas y su gloria,
mas los ejércitos que tú conduces,
fieles y entregados hasta el fin,
hallarán en tu casa eternal reposo,
concluida ya la guerra y su fragor.

Segunda parte

Los retos a los que se enfrenta la iglesia evangélica

7

LOS ORÍGENES DEL PELIGRO EN LA IGLESIA

Te amo, oh Jehová, fortaleza mía. Jehová, roca mía y castillo
mío, y mi libertador; Dios mío, fortaleza mía, en él confiaré;
mi escudo, y la fuerza de mi salvación, mi alto refugio.

SALMOS 18:1-2

El letargo espiritual ha llevado a la iglesia evangélica al borde de la apostasía, poniendo al cristiano medio en una posición extremadamente vulnerable y complicada. Es prácticamente imposible ayudar a una persona hasta que esta llegue al punto de darse cuenta que necesita ayuda, y descubra en qué áreas de la vida la necesita. Por lo tanto, el primer paso es conocer cuáles son los peligros y, tras ello, hay que saber decididamente cómo abordar los peligros presentes.

Primero necesitamos discernimiento espiritual. Necesitamos a cristianos que hayan abierto sus ojos para detectar el estado traicionero al que se enfrenta hoy la Iglesia, y para mostrar cómo escapar de él. Además de discernimiento necesitamos valor para denunciar esos peligros y llamar a la Iglesia de vuelta a su roca, que es Jesucristo.

En su época, el rey David entendió la gravedad de los peligros del camino. Los peligros a los que se enfrentó fueron básicamente los mismos que nos encontramos hoy; y la manera en que David los gestionó es la misma a la que debemos recurrir en nuestros tiempos. Los salmos de David son un reflejo de la vida cristiana. En los salmos encontramos todas las experiencias de la vida: sus peligros, alegrías, tristezas, victorias, trabajos y derrotas. En ellos descubrirás la noche y el día de la vida, las sombras y la luz del sol; incluso las propias vida y muerte.

El libro de Salmos es un espejo de la vida espiritual. En el Salmo 18 encontramos unas palabras que apuntan a varios peligros evidentes en el caminar cristiano, peligros de los que debemos huir o que debemos saber cómo afrontar y superar. Dado que existen peligros reales para la vida espiritual, es necesario que el pueblo de Dios esté alerta a ellos. Todo pastor que desee ser fiel debería indicarlos a las personas a las que ministra, y señalarles una vía de escape. Si no tienes una cura, no sirve de nada examinar al paciente. No sirve de nada avisar sobre el peligro de un ataque si no tienes un búnker. No sirve de nada saber que se acerca tu enemigo si no sabes cómo hacerle frente.

El peligro se acerca a la vida cristiana desde tres direcciones: *el mundo* por el que viajamos, *el dios de este mundo y nuestra carne no mortificada*. Por este motivo necesitamos una roca, una fortaleza, un libertador, un escudo, una torre alta a la que huir: Dios es todas estas cosas.

El mundo

Cuando digo que el mundo es una fuente de peligro para el cristiano, no me refiero al viento, la tormenta, los rayos, el mar y el desierto, cosas que son hermosas y maravillosas. Estos no son los peligros de los que debemos precavernos. Sé que los rayos suponen un peligro, pero no es el peligro real en el que pensaba David en el Salmo 18.

En el Salmo 18, a David no le preocupaban los peligros del mundo natural. Pensaba como un hombre espiritual, y es posible que pensara en sus enemigos físicos; pero David siempre veía la faceta espiritual de las cosas. El Espíritu Santo no puso este salmo en su Palabra para recordarnos que en la naturaleza encontramos peligros. Puedes destruir un cuerpo humano pero no perjudicar en absoluto su espíritu. Puedes derribar el templo pero dejar intacto el espíritu que habita en él. Puedes dejar tirados los huesos de un hombre en el desierto, pero su espíritu no puede ser dañado en la presencia de su Padre y Dios. Los peligros reales son aquellos que llegan hasta el alma y el espíritu de un hombre.

Los soldados decapitaron a Juan el Bautista, pero no pudieron hacerle daño. Cuando nuestro Salvador murió en la cruz, su cuerpo fue maltratado, fue partido por nosotros; pero el hombre, Cristo Jesús, fue protegido en el seno de Dios. Lo mismo pasó con Pablo cuando le cortaron la cabeza. El apóstol dijo: "Por lo demás, me está guardada la corona de justicia, la cual me dará el Señor, juez justo, en aquel día; y no sólo a mí, sino también a todos los que aman su venida" (2 Ti. 4:8). Cuando lo ejecutaron, Pablo obtuvo esa corona, no una derrota. A un hombre no se lo puede herir de verdad en su cuerpo físico, solo en su alma.

Entonces, ¿qué queremos decir con "mundo" cuando afirmamos que los verdaderos peligros asaltan al cristiano desde él? La amenaza procede de la sociedad humana que está fuera de la voluntad de Dios. Mientras permanezca el pecado, la sociedad humana será una amenaza para el alma del cristiano. El pecado, la incredulidad, las distracciones, las ambiciones de la sociedad humana, por muy astutamente que se disfracen, son una amenaza para el alma del cristiano.

Por eso la Biblia es tan severa e insistente cuando habla del mundo. Muchos líderes cristianos se excusarán, cederán terreno y querrán estar a bien con el mundo. Pero en la Biblia no encontrarás otra cosa que una insistencia firme en que deberíamos renunciar al mundo y no vernos contaminados de ninguna manera por su pecado, su incredulidad, sus distracciones, sus ambiciones o su espíritu mundano. Los peligros que acechan al cristiano vienen de este mundo.

Muchos han estado viviendo a costa del mundo, montados sobre el cadáver del mundo, y cuando este se va derecho a la cloaca, se alejan de él con elegancia justo a tiempo. "¿Hasta dónde puedo llegar sin deslizarme? ¿Qué puedo hacer sin acabar perdiéndome? ¿Hasta qué límites puedo llegar?". Cualquier día la persona que hace esto se encontrará atrapada en el mundo y no tendrá ninguna estrategia viable para huir de él.

El dios de este mundo

En la Biblia, al diablo se lo llama de cuatro maneras: dragón, serpiente, diablo y Satanás. Se lo llama dragón en pasajes como Apocalipsis 12, cuando ostenta el gobierno mundial. Cuando el diablo, en medio del Imperio romano, estaba ocupado en destruir la Iglesia, sus miembros decían: "Es como el dragón".

Durante los dos primeros siglos, en torno a la ciudad de Roma murieron unos trece millones de cristianos. Mientras veían cómo se llevaban a sus seres queridos, uno tras otro, para decapitarlos, los imagino diciendo: "Este es el dragón; es el diablo quien gobierna". Al pensar en los seis millones de judíos que murieron a manos de Hitler, en las cámaras de gas y mediante otros tipos y métodos de ejecución, los imagino diciendo: "Satanás está en ese hombre, Hitler, y sacude su cola sucia y destructiva por todas partes, matando a personas".

Siempre que el diablo llega al poder e inicia una persecución, la Biblia lo llama dragón. No estoy diciendo que el diablo esté presente en todos los gobiernos. No digo que los políticos sean hombres poseídos por el demonio. Lo único que digo es que hay momentos en que este dragón puede infiltrarse hasta tal punto en el Gobierno que lo controla y da rienda suelta a su naturaleza destructiva. Cuando destruye, es el dragón.

Otro nombre para él es "la serpiente". Es la misma persona, solo que esta vez lleva otra máscara, y no te haría daño bajo ningún concepto. No quiere matarte, ni meterte en la cárcel, ni cortarte la cabeza. Es artero, sonriente y escurridizo; obra mediante la astucia y el engaño, y gana cuando la gente hace concesiones, cuando usan de tolerancia y de paciencia. Se hace con tu confianza y luego te vende el puente de Brooklyn. Esta serpiente, resbaladiza y astuta, es el "hombre de confianza del infierno", con sus trucos, sus malas artes y sus mentiras.

Satanás no fue al desierto para destruir a Jesús dándole un golpe en la cabeza. Se acercó a Él y le dijo: "Ordena a estas piedras que se conviertan en pan". Sabía que si Jesús, el Hijo de Dios, le hubiera hecho caso y hubiese hablado a una piedra, haciendo un milagro fuera de la voluntad de Dios, Satanás habría destruido al Salvador del mundo con más facilidad que atravesándole el corazón de un lanzazo. Sin embargo, Satanás no le dijo eso a Jesús. Intentó que cediera. Le dijo: "¡Pobre! Debes tener hambre, ¿no?". Le dio una palmadita en la espalda y susurró: "Pero hombre, ¿por qué no consigues pan? Tienes el poder, eso ya lo sabes".

Jesús dijo: "Escrito está: No sólo de pan vivirá el hombre, sino de toda palabra que sale de la boca de Dios" (Mt. 4:4).

Satanás le dijo: "Te daré todos los reinos de este mundo".

Jesús replicó: "Vete, Satanás, porque escrito está: Al Señor tu Dios adorarás, y a él sólo servirás" (Mt. 4:10). ¡Qué astucia! El diablo es un vendedor excelente... pero de mala calaña. Te venderá cualquier cosa.

No pretendo que te pases el día pensando en el diablo, aunque estoy hablando del dios de este mundo. He conocido a cristianos a quienes les pone nerviosos este tema. Lo mejor que puedes hacer es mantener los ojos en Jesús y dejar que Él se ocupe del diablo.

En el boxeo hay un pegador y un contragolpeador. El contragolpeador nunca toma la iniciativa, sino que deja que su contrincante haga algo y entonces se agacha y da un contragolpe. Tiene una defensa para cada golpe que le dirigen, y luego lanza un contraataque rápido. Ha habido grandes boxeadores que no eran pegadores, sino contragolpeadores. Resulta útil recordar que el diablo es un contragolpeador magnífico.

No importa lo que intente hacer el cristiano: el diablo lo bloquea y devuelve un golpe. No muy fuerte, solo lo suficiente como para dejarlo confuso. Siempre que veas la obra de Dios en algún lugar, descubrirás en ella al diablo, aplicando contragolpes, devolviendo el golpe. No es omnipresente, pero sí está en muchas partes. Existe una diferencia: Dios es omnipresente, está presente en todas partes a la vez, pero el diablo se mueve tan rápidamente que prácticamente viene a ser lo mismo. Por lo tanto, independientemente de dónde se desarrolle la obra de Dios, allí descubrirás al diablo bloqueando, contraatacando y obstaculizando.

En las carreras de los Juegos Olímpicos, había un tipo traicionero que se escondía sujetando una jabalina larga, como una lanza. Este tipo se escondía detrás de un seto, en alguna parte, y cuando el corredor pasaba le lanzaba la jabalina entre las piernas para hacerle caer a tierra. Cuando el corredor lograba desembarazarse de la lanza, otro adversario le había sacado una ventaja kilométrica. El diablo trabaja así. A aquel tipo traicionero de los Juegos Olímpicos se le llamaba Diábolos, nombre que luego atribuyeron al diablo, porque así es como actúa. Cuando un hijo o hija de Dios corre una carrera santa, Satanás le bloquea o le hace la zancadilla, de modo que se caiga.

Otro de los nombres del diablo es Satanás. En calidad de Satanás es el acusador de los hermanos, cuya reputación intenta destruir delante de Dios y de los hombres. Siempre que se destruye la reputación de una persona, puedes estar seguro de quién lo hizo. Sin importar qué agente haya utilizado, o qué viejos chismorreos haya puesto en circulación, él es el autor. Por lo tanto, aquí tenemos al dios de este mundo: una serpiente, el dragón y Satanás.

La carne no mortificada

La carne siempre está con nosotros y, a menos que la venzamos cotidianamente, lo único que nos acarreará serán problemas. No puedes negociar con la carne no mortificada (insumisa): al final siempre saldrá ganando.

Esta carne no mortificada nos irá cansando hasta que estemos totalmente agotados, y al final cedamos a sus deseos. La única manera de tratar con ella es crucificarla, llevarla a la cruz de Cristo, lo cual es un acto radical por nuestra parte. Quienes intentan negociar con la carne y llegan a algún tipo de acuerdo con ella normalmente acaban perdiendo. La dificultad presente en esta área de peligro es que pasa cada día. No es algo que podamos solucionar hoy y olvidarnos de ello. La carne está con nosotros día tras día y, si no tenemos cuidado y no somos conscientes de su peligro fatal, gobernará nuestra vida diaria.

La norma general en esta área es vencer a la carne, porque si no la carne te vencerá, y eso no es nada agradable.

Estas fuentes de peligro (el mundo, el diablo y nuestra carne) son muy reales. El peligro no es imaginario, y los únicos que no lo tendrán en cuenta serán los temerarios. Si eres un cristiano responsable, no aceptarás esto como una mera advertencia más. Los sabios quieren saber dónde están los peligros, cuáles son y cómo pueden reconocerlos y superarlos.

David dijo: "Jehová, roca mía y castillo mío, y mi libertador" (Sal. 18:2). Necesitaba ayuda, de manera que dijo: "Invocaré a Jehová, quien es digno de ser alabado, y seré salvo de mis enemigos" (v. 3). Dijo: "[Dios] Envió desde lo alto; me tomó, me sacó de las muchas aguas. Me libró de mi poderoso enemigo, y de los que me aborrecían; pues eran más fuertes que yo... Me sacó a lugar espacioso; me libró, porque se agradó de mí" (vv. 16-17, 19).

Creo que la liberación no solo es posible, sino también normal para los hijos de Dios, siempre que tengamos los ojos abiertos. Dios no quiere que vayamos por ahí con los ojos cerrados. Si tenemos los ojos abiertos, no hay necesidad de que nos golpeen ni de que caigamos. Independientemente de dónde venga el ataque, da igual quiénes sean los enemigos: tenemos al Dios de David que nos ayuda. Si clamamos al Señor, nos escuchará desde su santo templo y enviará ayuda de lo alto, nos tomará y nos librará de las muchas aguas, y nos salvará porque se deleita en nosotros.

Creo que nunca ha habido otro momento de la historia en que el pueblo de Dios deba ser más optimista que ahora. Nunca ha habido un momento en el que deban animarse más que ahora en Dios. Vivimos días salvajes, turbulentos, peligrosos, dramáticos, y los cuatro vientos soplan con fuerza sobre el gran mar, y la luna lamenta aquel momento en que se convertirá en sangre; pero tú y yo no debemos temer. Dios está de nuestro lado, Dios está en su trono santo y en su templo sagrado, y para el hombre o la mujer que se atreve a creer no hay peligro alguno.

Roca de la eternidad
Augustus M. Toplady (1740-1778)

Roca de la eternidad,
fuiste abierta para mí;
sé mi escondedero fiel;
sólo encuentro paz en Ti:
Eres puro manantial
en el cual lavado fui.

Aunque yo aparezca fiel,
y aunque llore sin cesar,

del pecado no podré
justificación lograr;
sólo en Ti, teniendo fe,
puedo mi perdón hallar.

Mientras deba aquí vivir,
mi postrer suspiro al dar,
cuando vaya a responder
a tu augusto tribunal:
sé mi escondedero fiel,
Roca de la eternidad.

(Trad. Thomas Westrup)

8

EL PELIGRO DE LA VICTORIA Y LA DERROTA

Porque siete veces cae el justo, y vuelve a levantarse; mas los impíos caerán en el mal.
PROVERBIOS 24:16

Muchos cristianos han aceptado la filosofía de la victoria a toda costa. Querer ganar cueste lo que cueste está bien. Entonces, a las personas que ejemplifican este tipo de victoria nos las ponen delante para avergonzarnos de los fracasos que podamos tener en esta vida. Según los expertos, la vida es una larga serie de victoria tras victoria.

El problema de esto es que nadie ha experimentado jamás una vida de victoria absoluta, sin ninguna derrota, excepto nuestro Señor. A veces incluso la expectativa de la victoria puede infundir un espíritu de derrota en nuestros corazones. Este es uno de los peligros a los que se enfrentan quienes están sumidos en un letargo espiritual, y nadie parece alertarnos de él. Sin conocer los peligros asociados con la victoria, muchos han acudido ardientemente a adorar ante su altar.

Déjame decirte simplemente que nuestra victoria puede malcriarnos, y nuestra derrota, destruirnos.

El peligro de la victoria

Sin duda, la victoria es una de las metas en la vida cristiana, pero ¿qué definición de victoria empleamos? Luchamos por vivir la vida cristiana de victoria, pero ¿quién nos dice en realidad en qué consiste? Debemos escudriñar atentamente las Escrituras para descubrir la definición que nos da Dios de lo que es la vida cristiana victoriosa, y luego comprometernos con ella. Para el cristiano no hay ninguna otra definición aceptable. Dada la tremenda importancia que tiene esto, no debemos malinterpretar en qué consiste la victoria.

Déjame que te señale que la vida cristiana victoriosa no es una vida carente de problemas, dificultades o fracasos. En realidad, es todo lo contrario. La vida cristiana victoriosa es una victoria día a día, o incluso momento a momento, sobre los enemigos y las circunstancias que nos encontramos por el camino. Por eso el hombre de Dios dijo: "porque siete veces cae el justo". A veces tenemos la sensación de que "el justo" no cae nunca. Al pensar así, corremos el peligro de caer en la arrogancia.

La arrogancia es el pecado que le pisa los talones al éxito. He conocido a unas pocas personas que se han abierto camino por la vida a golpe de dinero, y que han manipulado a todos los que les rodeaban. Tenían el dinero necesario para pagarlo, de modo que la doncella, el jardinero y todos los demás se convirtieron en esclavos.

Una vez quise hablar con un famoso predicador para invitarlo a venir y predicar en nuestra iglesia. Ni siquiera logré contactar con él. Su secretaria me dijo que estaba ocupado y que no podía hablar conmigo. Hace ya bastantes años de esto, y no sé si aquel hombre hablaría ahora conmigo o no, adoptando una actitud condescendiente apropiada para mi avanzada edad. El Señor siempre nos castigará por este tipo de cosas, porque si eres cristiano nunca te permitirá que tengas una actitud condescendiente hacia nadie. Si eres cristiano, el Señor te ama demasiado como para dejar que te salgas con la tuya. La arrogancia le pisa los talones a la victoria.

Una vez nuestro Señor entró en Jerusalén un domingo de Pascua. Pensaron que era el hijo de un carpintero. No se educó en la escuela; no conocía ni usaba el lenguaje propio de las esferas cultivadas. Hablaba el lenguaje sencillo de las calles jerosolimitanas.

Cuando Jesús atravesaba las calles de Jerusalén, mientras todos lo aclamaban gritando "¡Hosanna al Hijo de David! ¡Bendito el que viene en el nombre del Señor!" (Mt. 21:9), hubiera sido una buena oportunidad para albergar pensamientos de éxito y de victoria. Hubiera sido el momento idóneo para que Jesús dijera: "A lo mejor el diablo tenía razón. Quizá pueda ser el rey del mundo. A lo mejor mis amigos que querían que fuera rey estaban en lo cierto".

Siempre es una tentación permitir que tus victorias crezcan desproporcionadamente y te den un concepto equivocado de quién eres. Ten cuidado con una reputación ensalzada. Resulta demasiado fácil creer lo que las personas dicen de ti. Jesús no permitió que ningún éxito, del tipo que fuera, le apartase de su camino. Sabía en qué dirección iba, y se mantuvo en ella con toda firmeza. Ten cuidado si te has asentado y te han aceptado en tu ámbito como una persona victoriosa y con éxito; cuando eso pasa, estás en peligro. Si en tu vida cristiana das unos pasos hacia delante, estás en peligro.

La misma multitud que clamaba "¡Hosanna!" gritó luego "¡Crucifícale!". Recuerda esto. El que hoy es un gran político mañana puede estar en la cárcel. La multitud que piensa que hoy eres digno de aclamación puede darte la espalda mañana.

El peligro de la derrota o el fracaso

El peligro de la derrota es opuesto al de la victoria. ¿Te acuerdas de aquella famosa batalla que libró Israel frente a los muros de

Jericó, y cómo se derrumbaron los baluartes? La confianza en sí mismos de los israelitas se puso por las nubes, y acudieron a Hai. Solo se llevaron a unos miles de soldados, y dijeron: "¡Bueno, fíjate lo que hicimos en Jericó!", cuando lo único que habían hecho era gritar y tocar las trompetas. Dios lo había hecho todo, pero ellos pensaban que lo habían conseguido solos.

A lo mejor pensaron que el viento que salía de los cuernos que tocaban fue el que derribó los muros. Cuando llegó la siguiente batalla, dijeron: "¡De acuerdo, pues vamos a conquistar Hai! ¡No hay problema!". Se jactaron con arrogancia: "¡Ahora sí que estamos en racha, no hay nada como el éxito para llamar al éxito, así que tomaremos Hai igual que tomamos Jericó!". Salieron muy confiados y con la cabeza bien alta, pero pronto tuvieron que huir ignominiosamente delante de los de Hai, perdiendo a 35.000 soldados. Su derrota siguió a su victoria como el efecto sigue a la causa.

El peligro de la victoria es que desarrolla en nuestro interior un espíritu arrogante, y pensamos que somos invencibles. Entonces sucede lo inevitable. De repente nos vemos hundidos en el fracaso, que genera en nosotros un espíritu de desánimo que a veces nos impide levantar cabeza. La vieja expresión de Shakespeare "ese no tiene estómago para ello" significa que una persona no tiene voluntad para hacer un trabajo. La pérdida de "estómago", o el desánimo, es como la de un enfermo que ha perdido por completo el apetito.

En el reino de Dios, una o dos derrotas, dos reveses duros, a menudo nos llevan a un punto en que perdemos el apetito. Oramos, pero sin ganas. Lo hacemos como cuando comemos por obligación, pero sin disfrutarlo. Vamos a la iglesia, pero nos mostramos indiferentes. Para nosotros nada tiene importancia. Los himnos son sosos, insípidos; los sermones, un aburrimiento; toda la experiencia carece de sabor, porque hemos perdido las ganas de alimentarnos. Estamos descorazonados, desanimados.

Muchos miembros del pueblo de Dios han pasado por esta experiencia. No han perdido la vida eterna, y su relación con Dios no ha cambiado. Siguen siendo sus hijos y Cristo continúa defendiendo su causa a la diestra del Padre. El cielo sigue siendo su hogar, pero por el momento han perdido el gusto por él. No tienen apetito; han sido derrotados, y eso les ha sumido en el derrotismo. He estado en iglesias donde era evidente que nadie esperaba que pasase algo y, el resultado, por supuesto, ha sido el que era de esperar: no pasaba nada.

La derrota supone un peligro real. Supongamos que un hombre resbala en una acera recubierta de hielo y dice: "No creo que merezca la pena intentarlo otra vez". Al final se pondría de pie, avanzaría otra manzana, volvería a caerse y diría: "Estoy seguro de que tengo algún problema de equilibrio, y tendré que aceptar que no podré volver a caminar por el hielo sin caerme". Por descontado, también tendría que haberse ido a la cama. Eso es derrotismo: supone permitir que una derrota signifique un revés permanente para tu corazón.

Una vez, en un seminario al que asistí, pasé por un porche donde estaba sentado un predicador joven. Era un joven de aspecto agradable, pero aquella mañana la barbilla casi le tocaba el suelo. Trabé conversación con él y le hice algún cumplido, pero ni se inmutó. No sonrió ni reaccionó de ninguna manera. Solo dijo: "Sr. Tozer, me ha sucedido algo terrible".

Le dije: "¿Cuál es el problema? ¿Qué te ha sucedido?".

"Acabo de hacer el examen para convertirme en ministro y he reprobado", dijo. "He reprobado el examen, y no podré ser ministro".

Supe por lo que estaba pasando aquel joven, y corría el peligro de desarrollar un auténtico espíritu de derrotismo. De modo que me propuse animarlo y cambiar un poco su disposición. Le dije: "A Abraham Lincoln lo derrotaron dos veces antes de ser elegido. Si Dios te ha llamado, acude a la junta del examen y entérate de qué es lo que no has sabido contestar. Compra unos cuantos libros, estúdialos y pide que te hagan otro examen".

Levantó la barbilla y me dijo: "¿Eso es lo que me sugiere?".

"Claro", le dije. "No permitas que tan poca cosa te hunda. Si Dios te ha llamado, no retirará su llamado porque no hayas sabido responder a algunas preguntas. Sigue estudiando, descubre dónde está el problema, esfuérzate, asimila el contenido, ora y pide a Dios que te ayude; la próxima vez aprobarás sin problema".

Eso fue exactamente lo que pasó. Se convirtió en un joven pastor eficiente y le fue bien. Sin embargo, si no se hubiera encontrado con alguien que lo animase, podría haber acabado todo ahí. Seguramente se hubiera subido a su coche y se habría ido a su casa diciendo: "No sirve de nada. Dios me ha abandonado, el Espíritu también, y ni siquiera sé lo suficiente como para aprobar un examen".

Supón que oras por algo que luego no obtienes, y es evidente que no lo conseguirás. No permitas que eso te derribe. A lo mejor tu vida no es la correcta; a lo mejor oras con egoísmo; quizá hayas malentendido la voluntad de Dios. Acude a las Escrituras, escudríñalas, ponte a bien con Dios, dale una oportunidad de llegar a ti, y luego inténtalo de nuevo y persevera. Al final, el Señor te dirá que sigas en la brecha o que estás orando por algo equivocado, que ores por otra cosa que Él te dará; o a lo mejor te da aquello que pediste al principio. Pero no te quedes atrapado en la derrota.

Reglas para superar la victoria o la derrota

Me he instruido, mediante la Palabra de Dios y la oración, para no mirar nunca las cosas desde ese ángulo. Debo apuntarme al bando de Dios, el de la resurrección, el de la victoria, y vivir en ese ámbito de las cosas. Permíteme que te dé cuatro reglas para ayudarte a superar la victoria o la derrota.

No confíes en un corazón desanimado

Nunca te fíes de tu corazón cuando te sientas desanimado o, de la misma manera, cuando hayas obtenido una gran victoria. Si estás atenazado por una derrota espantosa, simplemente apacigua tu corazón y no tomes decisiones. Recuerda que también eso pasará.

Si eres cristiano, el Espíritu Santo habita en ti en cierta medida, y no te ha desamparado. Aunque todo el mundo piense que no eres tan eficaz en tu trabajo; si no tienes una voz tan maravillosa como te gustaría tener; si quizá tu cerebro y tu sabiduría no son tan magníficos como te gusta pensar que lo son; si alguien lo ha descubierto y lo ha comentado con otras personas, y tú te has enterado y te has puesto furioso, deja que piensen lo que quieran.

Un corazón desanimado siempre lo exagera todo. No confíes en un espíritu abatido, porque nunca te ofrecerá la imagen auténtica de tu persona ni de tus circunstancias.

Pospón cualquier toma de decisión inmediata

No hay muchas cosas que haya que decidir en el momento. Date tiempo. No hay un solo pastor que, alguna vez, no haya redactado su dimisión un sábado y el domingo llegó la bendición, y tuvo que romper el documento. Cuando estés desanimado, no escribas tu dimisión. Cuando estés abatido, no renuncies a nada. Cuando estés sumido en la tristeza, no te muevas.

Ha habido muchas personas que, sumidas en un episodio de desánimo profundo, han dimitido, han tirado la toalla, y luego han vivido para lamentarlo. Muchas otras personas han pasado por "la ciénaga de la tristeza" y han resistido hasta que salieron de ella y gozaron de la maravillosa luz del sol que es el cariño de Dios.

Toda decisión tomada para el Señor tiene un momento idóneo. A menudo, tomar esa decisión prematuramente supone perder la bendición de Dios. Cuando estés en la cima del mundo y digas "Todo lo puedo en Cristo que me fortalece" (Fil. 4:13), toma entonces la decisión.

Medita sobre tu relación con Dios

Independientemente de tu victoria o tu fracaso, tu relación con Dios no cambia. Dios no te ama menos cuando fracasas que cuando tienes éxito.

Es posible que tu relación con otros cambie dependiendo de si has fracasado o has triunfado, pero con Dios nunca cambia. Puedo soportar la desconfianza de mis amigos, pero no puedo soportar que Dios piense mal de mí. Cuando leo las Escrituras descubro, alborozado, que Dios tiene una excelente opinión de mí. Soy su hijo. Aunque cometo errores y tropiezo, sigo siendo un hijo del Dios vivo. Me contempla con una sonrisa reluciente de gracia y de misericordia. Soy la niña de sus amorosos ojos.

Satúrate de las promesas de Dios

El tiempo pasado a solas con Dios, con una Biblia abierta, puede cambiar un corazón inundado de derrota por un corazón que se regocije en las inmutables promesas de Dios. La Palabra de Dios nunca cambia, ya sea que fracasemos o triunfemos. Dios es tu roca, tu fortaleza, tu libertador, tu sustento, tu fuerza y tu torre alta. Envió al Hijo de lo alto, te tomó y te sacó de las muchas aguas. Te liberó de tu enemigo fuerte y de aquellos que te aborrecían. Te llevó a un lugar espacioso, y te salvó porque se deleita en ti (Sal. 18:16-19).

Estamos del lado de Dios

Hay un versículo que es mi preferido hace años: "Tú encenderás mi lámpara; Jehová mi Dios alumbrará mis tinieblas" (Sal. 18:28). Quizá la pequeña vela se haya apagado. Bueno, pues Dios la encenderá por nosotros. La encenderá y luego iluminará nuestra oscuridad. Créelo.

Dios es nuestro refugio, y no permitiremos que la victoria nos haga arrogantes, ni tampoco que la derrota nos descorazone. Vamos a aceptar las cosas como es debido. Ganemos o perdamos, estamos de parte de Dios, y si nos alejamos del pecado, nos mantenemos por encima de todo y seguimos siendo felices en Dios, ganaremos tanto si lo sabemos como si no. Podemos ser tan felices cuando no lo somos como cuando lo somos, porque esta es la prerrogativa de vivir la vida de fe.

¡A la victoria!
Elisha A. Hoffman (1839-1929)

Cristiano, viste tu armadura,
pues debes obtener una victoria
para el Señor, para el Señor;
toma tu casco, espada y escudo
y llévalo a la batalla
a su mandato, a su mandato.

Que se despliegue su bandera
hasta cubrir el mundo entero,
de mar a mar, de costa a costa;
que las naciones reconozcan
que Él es rey, y solo Él,
por siempre más, por siempre más.

Cuando concluya la batalla
y ya se alcance la victoria,
atrás la lucha, atrás la lucha,

en el feliz hogar allá en el cielo
recibiremos de amor una corona,
allá al final, allá al final.

Será aquella la hora de alegría,
que vestirá la lengua de alabanza,
más y más, más y más;
ante el rey estaremos presentes,
cantando el cántico triunfal
por siempre más, por siempre más.

Sigamos adelante, a la victoria,
Jesús nos guiará,
Jesús nos guiará;
sigamos adelante, a la victoria,
a la victoria gloriosa y eternal.

9

EL PELIGRO DE LA ESCLAVITUD Y LA LIBERTAD

Estad, pues, firmes en la libertad con que Cristo nos hizo libres, y no estéis otra vez sujetos al yugo de esclavitud.

GÁLATAS 5:1

El apóstol Pablo dice que debemos tener cuidado y no regresar al yugo de esclavitud del que fuimos librados. Esta servidumbre puede expresarse en la superstición y en formas legalistas y externas como la comida, el vestido y la esclavitud a los días y temporadas sagrados.

La esclavitud a la superstición

La superstición es algo de lo que los estadounidenses se ríen en público. Normalmente se define la superstición como "una actitud mental abyecta hacia la naturaleza, basada en la ignorancia". Es la creencia en la magia y en el azar. Algunos creen (los antropólogos y quienes siguen sus creencias) que la esperanza del mundo estriba en regresar a los estados primitivos. Dicen: "¿Por qué van al valle Baliem en Papúa? ¿Por qué no los dejan en paz? Lo único que conseguirán es llevarles el resfriado común, los problemas dentales, la dispepsia y todas las otras dolencias del hombre blanco. ¿Por qué no los dejan vivir con su belleza sencilla e infantil?".

Este tipo de comentarios han perdido de vista la realidad. Pregunta a cualquier misionero si hay alguna tribu así sobre la faz de la Tierra. Ni una sola. La superstición controla a los pueblos primitivos del mundo como un yugo de hierro. Los mantiene en una esclavitud constante, como si llevaran una bola de hierro y una cadena. Tienen miedo de todo: el sol, las estrellas, los eclipses, el viento, el sonido de las aves nocturnas. Viven en un estado de temor tembloroso a todo lo que no entienden. En algunas partes del mundo primitivo, cuando nacen gemelos salvan al primero porque dicen que Dios lo ha enviado, pero al segundo lo matan. Es un hijo del diablo.

La superstición no se encuentra solo en las sociedades primitivas, sino donde quiera que haya seres humanos. Puede ser refinada y no contar con algunas de sus manifestaciones más bastas, pero la mayoría de personas son supersticiosas. En la zona del país de la que provengo, la superstición descansaba sobre los hombros de los sencillos habitantes rurales, y los controlaba durante toda su vida.

La superstición difama el carácter de Dios

La superstición no es algo que se pueda tomar en broma. Es una difamación concreta del carácter de Dios. La superstición da por sentado, sin saberlo, que Dios es débil y no puede controlar las cosas. El temor a los demonios y a las combinaciones de números y ciertos días, de estrellas y constelaciones y determinadas conjunciones de movimientos siderales dan por hecho que Dios creó una fuerza destructora invencible en el mundo, una fuerza que Él no puede controlar. El universo es demasiado grande para Él, y va de un lado para otro, presuroso, moviéndose de un punto a otro del cosmos.

El hombre supersticioso imagina a un dios limitado, que creó un universo sobre el cual no tiene el control absoluto. Por consiguiente, las brujas, los conjuros, los encantamientos, los demonios, los presagios y demás cosas semejantes yerran de un lado para otro del mundo, y Dios se oculta en algún armario cósmico, temeroso de lo que ha creado; esto es un insulto al carácter divino.

La superstición insulta la sabiduría de Dios, dando por hecho que es limitado y que se le puede engañar como a cualquier dios romano. Por el contrario, Dios sabe todas las cosas, y nuestros pensamientos no le son ocultos. Puede escuchar hasta el más mínimo pensamiento que se esconde en el fondo de tu mente, infinitamente amplificado, y lo conoce incluso antes de que lo tengas.

A Dios no se lo puede engañar. Sabe lo que hay en el interior del hombre. Nos mira por dentro; predice y predestina, y no está limitado en ningún sentido ni en su conocimiento. Es totalmente imposible engañar a Dios. No se puede hacer a Dios una promesa y esperar que Él luego se refriega las manos mientras se lamenta: "¡Anda, pero si ese hombre ha incumplido la promesa que me hizo! ¿Qué voy a hacer?". Nunca le daría mi lealtad a ese tipo de dios. Nunca me arrodillaría ante un dios al que pudiera engañar. Nunca adoraría ni clamaría "¡Santo, Santo, Santo!" en la presencia de un dios al que pudiera engañar y salirme con la mía.

La superstición pone límites al poder y a la sabiduría de Dios, o lo presenta como alguien rencoroso, que se venga como los niños. En cierta medida, la superstición es una proyección al cielo de nuestras pequeñas y desagradables personalidades, un hacer a Dios a nuestra imagen y semejanza; cuando atribuimos a Dios ese vasto espíritu rencoroso e ilimitado, la gente le teme.

Dios es infinitamente paciente, amoroso y misericordioso

Dios está por encima del rencor, motivo por el cual no presta atención a quien se levanta y dice: "Si existe un Dios, ¡que me mate dentro de diez segundos!". Pasan diez segundos terribles en los que el corazón apenas late y nadie respira, esperando que el

Dios vengativo de los cielos acabe con su vida. Los supersticiosos esperan que Dios actúe como una persona. Dios no es vengativo. Dios es infinitamente paciente con nosotros, pequeños jactanciosos amantes de darse golpes en el pecho. Es amor y misericordia infinitos. Si no lo fuera, hoy estaríamos todos en el infierno.

Algunos fundamentalistas temen decir nada que se aparte aunque sea poco de la fórmula correcta, no sea que se enfade el Dios a quien le encantan las palabras y las sílabas precisas. Algunos no pronuncian nunca el nombre de Jesús sin mencionar sus títulos. El Señor Jesucristo, Jesucristo el Señor o Cristo Jesús el Señor, siempre deben decir los tres, como un pobre predicador barato a quien le han concedido un título honorario y quiere que lo llamen "doctor". Sienten que Jesús ama todos sus títulos, y que se molesta a menos que los recordemos cada vez que hablemos de Él. ¿Qué tipo de Cristo sería ese? Un Cristo pueril, grosero, cuya voluntad nunca se podría predecir.

La superstición en el corazón humano hace que Dios sea pequeño e infantil; lo vuelve limitado o débil, mientras que Él no es nada de estas cosas. Creo que, metafóricamente, podríamos lanzar un vagón tras otro de grilletes a un horno para convertirlos en metal maleable, y fabricar con ellos cosas útiles, si pudiéramos creer en la grandeza de Dios y ver lo grande, glorioso, soberano, poderoso, paciente, amante y santo que es.

Todas las debilidades en el Cuerpo de Cristo nacen de una visión incorrecta de Dios. Nacen de un concepto ínfimo de Dios. Si viéramos a Dios lo bastante grande, en la Iglesia gozaríamos de una libertad maravillosa.

La esclavitud a fórmulas legalistas

Algunos cristianos no pueden adorar a menos que lo hagan siguiendo una pauta determinada. Si les enseñaron a arrodillarse, no pueden orar de pie. Si los criaron para que orasen de pie, son incapaces de hacerlo sentados. Tienen la necesidad de recurrir a esa fórmula determinada, a esa forma y postura, y pronunciar determinadas palabras. Quienes adoran a Dios, ¿cómo deben hacerlo? En espíritu y en verdad, y esto nos confiere una libertad completa. "Porque el Señor es el Espíritu; y donde está el Espíritu del Señor, allí hay libertad" (2 Co. 3:17). El hijo de Dios tiene una libertad infinita para adorarlo.

Nosotros no practicamos nuestra religión como las brujas practican sus rituales. Adoramos a Dios espontáneamente, desde el corazón. Lo amamos y Él nos ama; aquí no hay formulas que valgan. Sí deben existir ciertas formas en la adoración pública, porque si no sería un caos. Alguien debe saber qué vamos a cantar a continuación y otras indicaciones, de modo que creo en que los cultos en la iglesia tengan una forma estable. Es posible ponerse tan legalista y caer en una esclavitud y una formalidad tales que uno estalle de ira si las cosas no se hacen en la iglesia como deberían hacerse.

La esclavitud a las tradiciones

Luego tenemos las tradiciones, que es posible que no se remonten a Cristo y a los apóstoles. Es posible seguir ciertas costumbres o formas (tradiciones) y no saber cuál fue su origen o cómo llegaron a nosotros y, a pesar de ello, todos los aspirantes a cristianos las cumplen religiosamente.

Walter Post, misionero en las Indias Orientales holandesas (hoy día Indonesia) escuchó predicar a un joven dayak[1] convertido. Era un buen predicador, capaz de exponer maravillosamente la Palabra de Dios en el idioma de su pueblo. Michelson, otro misionero que estaba allí, me dijo más tarde: "Este joven

---

1. Los kayak o dayacos son unos indígenas que viven en el sur y oeste de la isla de Borneo. (N. del T.)

dayak era un gran predicador, pero tenía una costumbre particular. Mientras predicaba se manoseaba el cuello de la camisa, tironeaba de él primero con una mano y luego con la otra. No entendí por qué lo hacía hasta que escuché predicar a Walter. Se daba tirones del cuello de la camisa, y no supe por qué lo hacía Walter hasta que volví a casa y lo escuché predicar a usted [Tozer] mientras se tocaba el cuello de la camisa".

Este tipo de cosas parecen absurdas, pero es posible esclavizarse a una cosa, llevarla a cuestas durante años, fundar iglesias sobre ella y meter tu alma en una camisa de fuerza. Echa atrás los hombros, respira hondo y di: "En Jesucristo soy una persona libre, y no me sujetaré a ningún tipo de esclavitud".

La esclavitud a la comida y al vestido

Otro tipo de esclavitud que hay que vigilar es aquella a los alimentos y a los vestidos. Jesús dijo que no importa lo que entra en la boca de un hombre, porque no lo contamina; era lo que salía de su boca lo que lo contaminaba (Mt. 15:17-20). Pablo dijo que en los últimos tiempos vendrían ciertos hombres que prestarían oídos a doctrinas diabólicas (1 Ti. 4:1-3). Las doctrinas de los demonios dirán que no deben casarse y que deben abstenerse de comer carne, que Dios creó para que todos los que conocen y creen la verdad la reciban agradecidos. Y es que todos los dones de Dios son buenos. Todas las criaturas son buenas y deben recibirse con gratitud, porque la Palabra de Dios y la oración las santifican.

Sin duda existe una proclamación de emancipación que te libera de los alimentos y, a pesar de eso, encontramos a muchos amados hijos de Dios retrocediendo para hacer el juramento; no se sienten cómodos sin él. Es como el hombre que ha usado muleta tanto tiempo que se siente desnudo cuando no la usa. Hay personas así; deben tener algo que las haga sentirse mal. No pueden ser libres en Dios, de modo que no comen esto o aquello, y compran un libro en alguna parte para que les demuestre que, desde el punto de vista científico, tienen razón.

La regla es: si no te hace daño, cómelo si te lo puedes permitir. Si no le tienes alergia, adelante y cómetelo, porque todas las criaturas de Dios son buenas y quienes creen y conocen la verdad deben recibirlas con acción de gracias. Si te sale un eccema, no vuelvas a comer ese alimento, pero si no, adelante y consúmelo. No creas que existen alimentos religiosos. No hay alimentos que sean más religiosos que otros: "Si bien la vianda no nos hace más aceptos ante Dios; pues ni porque comamos, seremos más, ni porque no comamos, seremos menos" (1 Co. 8:8). Con esto debería bastarnos.

La espiritualidad no radica en la longitud de tu cabello o de tu barba. No radica en el estilo de tus prendas de vestir ni en la calidad de tu traje. La norma que estipulo es la más sencilla del mundo: si es modesto y te lo puedes permitir, es adecuado. Eso es lo único que a Dios le importa del vestido.

La esclavitud a días y a temporadas

¡Qué llenas están las iglesias en Pascua, y qué vacías al domingo siguiente! Lo cual demuestra que esos cristianos, si es que lo son, están esclavizados. ¿Cuándo deberíamos adorar? ¿El sábado o el domingo? Unos dicen que un día, otro dicen que otro. Quienes adoran el sábado no entrarían en una iglesia en domingo ni a rastras. Además, quienes adoran en domingo no entrarían ni de casualidad en una iglesia un sábado. ¿No es extraño que Cristo muriera en la cruz para que nosotros discutamos sobre qué día de la semana debemos adorarlo?

Luego tenemos los días sagrados. Algunos los celebran todos, y otros ninguno. Es posible estar tan atado al calendario eclesial que perdamos de vista lo que significa realmente ser cristiano, y que nuestros pecados sean lavados en la sangre del Cordero. La peor esclavitud sería insistir que alguien más se someta a la misma esclavitud que vives tú. No te esclavices a nada. Jesucristo nos libertó para que hagamos su voluntad.

El peligro de llevar la libertad demasiado lejos

"Antinomianismo" es una palabra larga y difícil que significa que algunas personas tienden a llevar la lógica desenfrenada hasta un extremo. Si me levanto y les digo "Ustedes son libres", inmediatamente dan un salto y dicen: "Gracias a Dios, soy libre. Haré lo que me apetezca", y salen a la calle y pecan para demostrar lo libres que son.

Pablo dijo: "Porque vosotros, hermanos, a libertad fuisteis llamados; solamente que no uséis la libertad como ocasión para la carne, sino servíos por amor los unos a los otros" (Gá. 5:13). Dios nos liberó, pero no lo hizo para que hiciéramos el mal. Nos dio libertad para hacer el bien. La libertad propia del cristiano es la libertad para hacer el bien. Dios nunca dijo: "Ahora que eres libre, vete a pecar". Algunos cristianos han llevado la libertad hasta un extremo tan ridículo e impío que dicen: "Para que la gracia siga activa, tengo que pecar un poco". Creo que esto es una herejía trágica, y que los hijos de Dios deben verla como lo que es, y huir de ella como lo harían de una enfermedad contagiosa.

La verdadera libertad cristiana

La libertad cristiana es la libertad para vivir en el Espíritu, sin obstáculos externos. La libertad cristiana es verse libre del temor al gobierno, libre del miedo a tus pecados, del miedo al servicio a Dios, del temor al diablo, libre del miedo a los gatos negros, los pájaros, los amuletos, hechizos, encantamientos y brujerías, libre de la esclavitud religiosa del tipo que sea, y libre del yugo férreo de las tradiciones. La libertad cristiana es la libertad de vivir en el Espíritu y adorar a Dios en espíritu y en verdad. Cuando se convierte en la libertad para pecar de modo que "la gracia sobreabunde", Pablo clamaba en contra de ello y decía: "En ninguna manera. Porque los que hemos muerto al pecado, ¿cómo viviremos aún en él?" (Ro. 6:1-2).

Tenemos libertad para amar, de modo que nuestra conducta nazca del amor y de la libertad para no odiar. Es maravilloso verse libre del odio. El odio es un cáncer moral que carcome el alma hasta matar a su víctima. Liberarse del odio es como curarse de un cáncer. La libertad del odio, de la envidia, de la ambición impía, de querer salirnos siempre con la nuestra, y la libertad para hacer la voluntad de Dios es la libertad cristiana; esta es la genuina libertad cristiana. La libertad cristiana nunca consiste en ser libres para cometer cualquier tipo de pecado. El hijo de Dios que vive la auténtica vida cristiana en su interior, cuyo corazón es una fuente de afecto y de amor por Dios, no pecará; pero, si lo hace, lo confesará entristecido y será perdonado y limpiado, y decidirá no volver nunca más a sumirse en el pecado.

La libertad cristiana afecta a otros

Un cristiano nunca usará su libertad para hacer que otros cristianos tengan mala conciencia. Pablo habló sobre la carne ofrecida a los ídolos, y algunos cristianos tenían problemas con ese tema. En 1 Corintios 8, Pablo viene a decir: "Yo no tengo problemas con la carne que ha sido ofrecida a los ídolos, siempre que sea carne saludable y limpia. Porque no creo que un ídolo sea real. Hay un Dios, un Señor, un Espíritu, y todos esos presuntos dioses son imitaciones. Para mí no existen".

"Sin embargo", añadió Pablo, "cuando estoy en casa de un cristiano joven que no sabe esto, me abstengo respetuosamente de comer carne ofrecida a los ídolos, para no ofender su conciencia". Por consiguiente, un cristiano corre el peligro de permitir que esta misma libertad sea un tropezadero para otra persona, de modo que hace libremente cosas que otras personas considerarán pecados; por lo tanto, es un obstáculo para otros.

Una regla que yo sigo es la de ser tan libre en Cristo como Él nos hizo. Recuerda que no eres un esclavo, sino un hijo. No eres un siervo en la casa, sino un hijo en la familia. Eres el hijo de tu Padre. Sé libre, pero no uses tu libertad como licencia para la carne. Mortifica la carne y mantenla sometida, y echa sobre ti cargas de amor porque eso agrada a Cristo. Una carga que echo voluntariamente sobre mis hombros no es una carga.

Su carga es ligera

Lo que haces voluntariamente no supone una carga, solo es un yugo cuando alguien más te lo pone sobre el cuello y te dice: "Lleva este yugo o muere". Si es alguien que tiene barba o lleva un tipo de ropa determinada, o está respaldado por una tradición o algún otro aditamento religioso para añadir algo a su personalidad y reclamar una autoridad que no tiene, sonrío (espero que sin sarcasmo) y le digo: «¡Ah, amigo! No conoces a mi Padre. Mi Padre no ve las cosas de esta manera. Mi Padre dice: "Hijo, eres totalmente libre, libre del todo. Libre para llevar cargas voluntarias por amor a otros. Lleva esas cargas sobre tus hombros, y esa carga que llevas voluntariamente nunca hará que te duelan los hombros. Las cargas que imponen la religión, la filosofía, la tradición o la superstición te exasperarán, te dejarán cicatrices y al final te matarán. Sin embargo, el yugo de Jesús es fácil, y su carga es ligera"».

El Señor Jesús nunca me ha pedido nada difícil. Mis adversidades siempre han sido fruto de mi propia carne, no de ninguna carga que Jesús me haya impuesto. Son pocas las cargas que me he echado en la espalda por amor a Jesús, y nunca he sentido su peso. Son tan fáciles y ligeras como podamos desear.

Por lo tanto, estemos atentos y no nos esclavicemos a nada, porque somos hombres y mujeres libres en Cristo Jesús. Seamos sensatos y no usemos nuestra libertad para ocultar la carne; no nos escondamos tras la libertad para cometer pecados. Recordemos que la persona en la que habita Jesucristo debería ser buena. No le tengas miedo a la palabra "bueno". No arrojemos al rostro de Jesús el pacto de la libertad que le costó su sangre. Por consiguiente, mantente firme en la libertad con la que Cristo te ha hecho libre y no te sometas al yugo de la esclavitud, ni uses tu libertad como pretexto para la carne (Gá. 5:1, 13).

Sabiendo que eres libre, disciplínate por amor a Jesús y confía en el Espíritu que mora en ti para que cumpla en ti la ley de Dios. Porque lo que no podía hacer la ley, dado que era débil según la carne, lo ha hecho Dios al enviar a su Hijo por medio del Espíritu que habita en nosotros.

En la cruz

Isaac Watts (1674-1748)

Me hirió el pecado, fui a Jesús,
mostrele mi dolor;
perdido, errante, vi su luz,
bendíjome en su amor.

En la cruz, en la cruz,
do primero vi la luz
y las manchas de mi alma yo lavé,
fue allí por fe do vi a Jesús,
y siempre feliz con Él seré.

Sobre una cruz mi buen Jesús
su sangre derramó
por este pobre pecador,
a quien así salvó.

Venció a la muerte con poder
y el Padre le exaltó;
confiar en Él es mi placer,
morir no temo yo.

Aunque Él se fue conmigo está
el gran Consolador;
por Él entrada tengo ya
al reino del Señor.

Vivir en Cristo me da paz;
con Él habitaré;
ya suyo soy, y de hoy en más
a nadie temeré.

(Trad. P. Grado)

10

El peligro de la ociosidad y del trabajo excesivo

Mirad, pues, con diligencia cómo andéis,
no como necios sino como sabios.

Efesios 5:15

El granjero que nunca observa cómo sopla el viento o no observa las nubes será un necio granjero, y al final del año no obtendrá una cosecha abundante. Por otro lado, el hombre que se concentra tanto en las nubes y el viento que se levanta, se chupa el dedo y lo alza para ver de qué lado sopla el viento cada mañana, y vuelve a meterse en casa si alguna nube se cierne sobre el campo, nunca hará nada. Siempre habrá una nube que te advierta que te quedes en casa; el sabio sabrá qué nube tener en cuenta y cuál pasar por alto.

No tengo la intención de meramente conseguir que otros sean conscientes del peligro. Si te vuelves demasiado consciente del peligro, eso te ralentizará. Las Escrituras dicen: "El que al viento observa, no sembrará; y el que mira a las nubes, no segará" (Ec. 11:4). Los cristianos no deben estar tan pendientes del viento y de las nubes que no hagan nada. Por otro lado, si no somos conscientes del peligro, lo aumentamos cien veces, y prácticamente garantizamos un desastre.

El peligro de la ociosidad

Está extendida la idea de que el trabajo es pecado o, como mucho, una maldición que cayó sobre nosotros. Algunos cristianos incluso piensan que el trabajo es un castigo disciplinario que el Señor impuso al mundo tras la Caída. Nada podría estar más lejos de la verdad. Lee la Biblia antes del tercer capítulo de Génesis, donde se habla de la Caída, y verás que Dios dijo a la pareja recién formada que debían multiplicarse en el mundo y someterlo.

Multiplicarse significaba que debían nacer niños en la Tierra. Todo el que piense que en este mundo se puede criar a un hijo sin esfuerzo, o no ha tenido hijos o no ha estado cerca de ellos. El mandamiento de sojuzgar la tierra incluye, sin duda, la idea del trabajo.

Trabajad y someted la tierra

Luego dice que fueron puestos en un huerto para que lo trabajaran y lo cuidaran. No debían estar ociosos. Dios el Creador hizo al hombre a su imagen para que también fuese una especie de creador. El hombre debía trabajar la tierra, enseñorearse de ella y traer hijos al mundo, y luego trabajar para criarlos. El hombre y la mujer debían cuidar del huerto y mantenerlo en buen estado, lo cual implicaba trabajar.

El trabajo no es resultado de la Caída; fue el pecado el que acarreó la tristeza, los espinos, los cardos y el sudor. Esas cuatro palabras no aparecían en los dos primeros capítulos de Génesis. En ellos no se menciona nada de dolor, espinos, cardos ni sudor. Pero sí aparecía el término "trabajo" o sus sinónimos: "labrar" y "guardar" se usan en Génesis 1 y 2.

Las palabras "dolor", "espinos", "cardos" y "sudor" se añadieron cuando el hombre pecó. El trabajo no es consecuencia del pecado humano; trabajar con esfuerzo es el resultado de ese pecado. Trabajar rodeados de espinas y cardos es la consecuencia del pecado humano. Trabajar hasta que sudamos para ganar el pan cotidiano es consecuencia del pecado humano. Dios nos creó para trabajar. La ociosidad no es propia de Cristo (nuestro Salvador trabajó), y es contraria a la alta voluntad de Dios, porque contradice nuestra comisión de someter la tierra y multiplicarnos, y es una invitación para la tentación. Isaac Watts (1674-1748) escribió lo siguiente en su librito para niños, *Contra la ociosidad y las travesuras*:

> En obras de trabajo o de pericia
> siempre me ocuparé,
> pues Satanás incita a la malicia
> al que ocioso esté.

En otros tiempos, la palabra "ocioso" era malsonante. Nuestros padres despreciaban esa palabra y comprendían que el diablo siempre encuentra alguna tarea para que se dediquen las manos ociosas.

Creo que sería justo decir que las personas que no tienen nada que hacer son responsables de buena parte de las maldades en el mundo. Las personas que participan de cierto tipo de actividad productiva pueden pecar, pero tienen menos posibilidades que aquellas que no tienen nada que hacer. Cuando el rey David eludió sus obligaciones durante la temporada de guerra, y estaba en la azotea dándose un paseo ocioso, fue cuando miró hacia abajo y vio el panorama que lo condujo a la gran tentación del adulterio y el asesinato.

El cristiano ocioso corre un gran peligro, porque no es como su Salvador. Nuestro Señor fue por el mundo haciendo el bien, y como discípulos llamó a trabajadores. No se acercó a la Riviera y eligió a *playboys*. Eligió a hombres sencillos, trabajadores afanosos, que se interesaban por la vida y tenían algo a lo que dedicarse. Lo hizo deliberadamente, con un propósito.

Haz algo

Dios nos hizo para que actuásemos con creatividad. Si quieres vivir más cerca del modo que Dios te ordenó en el libro de Génesis, te recomiendo que estés disponible, que estés dispuesto a hacer lo que sea. No te contengas hasta que te sientas listo para hacer algo. Empieza a hacer algo ahora que querías hacer pero habías aplazado. Aprende a montar en bicicleta a base de pruebas y errores. No esperes a hacerlo hasta que hayas comprado una; consigue una y practica. Haz algo. Por supuesto, al principio quizá cometas errores, pero haz algo.

Algunas personas dicen que no tienen nada que hacer en la iglesia. La iglesia tiene riqueza de talentos, y no queda nada que ellas puedan hacer. Supongo que estas personas quieren decir que ya hay un solista, o que no hay ningún comité cuya presidencia puedan asumir. Para ser presidente de un comité o cantar solos, la iglesia normal y corriente no tendrá sitio para todo el mundo. Pero todo cristiano que se precie encontrará algo que hacer en el reino de Dios.

Los cristianos son como maquinaria agrícola que raras veces se desgasta. Si la mantienes limpia, puedes usarla un verano tras otro hasta que sea obsoleta. La máquina arrumbada en un lugar húmedo se hará pedazos en una sola temporada; sin embargo, el uso de esa máquina durante diez años solo conseguirá que reluzca.

Pasar un año sentado y ensimismado hará más por oxidar tu alma que cien años de trabajo duro, siempre que Dios te conceda vivir tanto. No temas agotarte. El diablo es un maestro de la estrategia, y cuando un hijo de Dios está atareado le susurra al oído: "¡Ten cuidado o tendrás una crisis nerviosa!". Estoy absolutamente seguro de que las crisis nerviosas no se producen por llevar el yugo fácil de Jesucristo. Se originan en las frustraciones, los pecados ocultos, la tozudez, la negativa a escuchar a Dios y querer salirse con la suya; pero no proceden del trabajo. "Mi yugo es fácil, y ligera mi carga" (Mt. 11:30).

Ni una sola de las canas que tengo en la cabeza fue fruto del trabajo honrado en el reino de mi Salvador. ¿Cuántas de ellas estarán ahí porque quise seguir mi propio camino o por querer que el mundo me obedeciese, y negarme a escuchar a otros? La tozudez, el espíritu de contradicción y el resentimiento son las cosas que generan frustraciones y enfermedades, no el trabajo hecho para el Señor. Jesucristo nunca se hubiera enfermado. Podría haber vivido un número infinito de años trabajando como lo hizo. No se mató por trabajar duro; tuvieron que matarlo en la cruz. Pablo envejeció sirviendo a Dios, y seguía haciéndolo hasta que lo decapitaron. Pedro, cuando lo crucificaron, seguía desempeñando su trabajo espiritual.

Trabajar al servicio del Señor

Nuestras debilidades y faltas humanas nos hacen venirnos abajo, y acabamos dejando de trabajar al servicio del Señor. No tengas miedo a trabajar. Puede que sea demasiado tarde para que ahora hagas gran cosa con tu tiempo. La oxidación está tan avanzada que con un buen empujón estás acabado. No creo que esto les pase a muchos, y a lo mejor no le sucede a nadie. Soy lo bastante optimista para pensar que puede haber un poco de óxido aquí y allá, pero puedes librarte de él yendo a trabajar. Uno se puede desprender fácilmente del óxido y, al hacerlo, no se agotará.

En la iglesia hay mucho trabajo. Hay que hacer intercesión, realizar visitas, escribir cartas. Hay que distribuir folletos y tratados. Hay que cantar, hay niños y jóvenes a los que formar. Hay muchas cosas por hacer.

Hace años, en Indianápolis, un hombre me preguntó si podía hacer algo en la iglesia. Le dije: "No sé qué podría hacer". Pensé que quería ser presidente o algo así, pero no era cierto.

"¿Puedo ocuparme de cuidar el césped?". "Sí, puede encargarse del césped".

El césped y los terrenos jamás tuvieron mejor aspecto que cuando él cuidó de ellos. Barnizó el cartel que teníamos delante del local; mantuvo la pequeña cerca en un estado excelente, y el césped empezó a parecerse al de un campo de golf. Aquel hombre se había convertido hacía poco tiempo, pero algo en su interior, algo que Dios le dio, quería trabajar. Era lo bastante humilde como para estar dispuesto a ocuparse del césped: cualquier cosa para hacer la obra de Dios y estar activo.

No pasó mucho antes de que se pusiera a predicar en la calle. Después de eso, empezó a predicar en instituciones de aquí y de allá. Al cabo de poco tiempo empezó a acudir a otra ciudad y a celebrar reuniones, que se cohesionaron en un pequeño grupo estable. En esa ciudad ahora hay una iglesia donde se predica el evangelio, que ofrenda para las misiones y ora por ellas, y que envía misioneros al mundo; todo porque un hombre recién convertido estuvo dispuesto a hacer lo que fuera por el Señor.

Si hubiera sollozado diciéndole a su esposa: "¡Aquí hay demasiado talento! No puedo ser presidente ni nada de eso. ¡No tengo nada que hacer!", se habría oxidado, y aquella iglesia fuera de Indianápolis jamás habría existido. Era demasiado cristiano como para querer ser director de nada, pero empezó cuidando el césped de la iglesia.

El diablo siempre encuentra algo que puedan hacer los hombres y mujeres ociosos. La ociosidad supone un peligro. Por lo tanto, caminemos sabiamente y no estemos ociosos.

El peligro del trabajo excesivo

La ociosidad es un bache a un lado de la carretera, pero al otro lado tenemos otro, que es la laboriosidad excesiva. Esta laboriosidad reviste un gran peligro. Salomón escribió:

Todo tiene su tiempo, y todo lo que se quiere debajo del cielo tiene su hora. Tiempo de nacer, y tiempo de morir; tiempo de plantar, y tiempo de arrancar lo plantado; tiempo de matar, y tiempo de curar; tiempo de destruir, y tiempo de edificar; tiempo de llorar, y tiempo de reír; tiempo de endechar, y tiempo de bailar; tiempo de esparcir piedras, y tiempo de juntar piedras; tiempo de abrazar, y tiempo de abstenerse de abrazar; tiempo de buscar, y tiempo de perder; tiempo de guardar, y tiempo de desechar; tiempo de romper, y tiempo de coser; tiempo de callar, y tiempo de hablar (Ec. 3:1-7).

Un cristiano sabio se da cuenta de que no debe llegar al extremo en nada, sino que debe saber el tiempo y el momento justos. Las Escrituras en Eclesiastés no dicen que hay un tiempo para estar ocioso, pero sí que hay un tiempo para relajarse. Hay un tiempo para darse cuenta de que es el momento de acampar, de plantar la tienda y no seguir avanzando ese día. Ese día ya has caminado lo suficiente.

No hay tiempo para la ociosidad, porque esta da por hecho la falta de propósito. Si no tengo propósito, estaré ocioso. La ociosidad supone que no queremos que nos molesten, e induce a la adicción a los placeres. Hoy tenemos muchos instrumentos que contribuyen a la ociosidad. En el reino de Dios no hay sitio para tales cosas, pero sí un momento para cesar de toda actividad. Hasta las criaturas junto al fuego en los cielos cierran sus alas y esperan en Dios, como se nos revela en el primer capítulo de Ezequiel (Ez. 1:25).

Es posible que estemos tan ocupados con nuestro trabajo secular, o incluso con el del Señor, que no tengamos tiempo para orar, tiempo para esperar en Dios, para quedarnos en calma y coser la manga deshilachada del interés por Dios, u orientar nuestras almas hacia Aquel que está en los cielos. Cuando pasa esto, hay peligro. Daniel oraba tres veces al día; los profetas buscaban el silencio. Descubrirás que Dios buscaba a sus hombres en el silencio. Los hombres incapaces de guardar silencio no dirán nada cuando hablen. El Verbo solamente habla en el silencio. En el principio hubo silencio, y luego llegó el Verbo.

La idea que se nos transmite es que Dios habló en medio del silencio eterno de su propio ser santo e independiente. Es posible que estemos tan ocupados que no consigamos hacer nada, y que hablemos tanto que nunca digamos nada. Los profetas buscaron el silencio; y en medio del silencio descubrieron qué decir. Entonces rompieron el silencio transmitiendo su mensaje y volvieron a sumirse en el silencio. Sin duda nos convendría reducir los decibelios en nuestros hogares y en nuestras iglesias.

Siempre me muestro precavido y temeroso de las personas que hacen ruido. Hace falta ser muy sabio para no dejar de hablar y aun así decir algo que valga la pena. Por lo tanto, aprendamos el silencio que aparece en las Escrituras. El propio Cristo se fue al desierto y allí, en el silencio de cuarenta días y noches, esperó en Dios sometido a la tentación del diablo. Volvió de allí en la plenitud del Espíritu y se puso a predicar la Palabra de Dios por todas partes. El mismo Señor Jesús nos dijo que cerrásemos la puerta. Nos dijo: "Mas tú, cuando ores, entra en tu aposento, y cerrada la puerta, ora a tu Padre que está en secreto; y tu Padre que ve en lo secreto te recompensará en público" (Mt. 6:6).

Cultiva el tiempo con Dios

Los negocios seculares pueden arruinar a las personas. Un hombre me telefoneó y me dijo: "Hace años que soy cristiano y quiero hacer la voluntad de Dios. Tengo un negocio inmobiliario y algunos socios. Hemos establecido la norma de abrir solamente los días laborables y cerrar los domingos. Ahora mis socios quieren abrir también el domingo. ¿Qué les diría usted?".

Le dije que, sin dudarlo un segundo, siguiera la luz. Que no dudase en perder la venta y mantener así su buena conciencia. Si sus socios no le hacían caso, podía vender su parte y empezar un negocio a solas. Dios le bendeciría por ello.

No creo que haya un día que esté por encima de otro. Pero creo que debemos dedicar tiempo a Dios. El hombre que trabaja siete días a la semana no tiene tiempo para Dios, y la oficina que sigue abierta para ganar dinero extra el séptimo día tampoco lo tiene. No importa que descanse el miércoles, el domingo o el viernes, debería descansar un día; el día propicio para ello es el domingo. Es un testimonio y permite a esa persona acudir a la casa de Dios, relacionarse con sus hermanos y unir su voz en los cánticos de Sion con el pueblo de Dios. Hay un tiempo para cada cosa, y los negocios seculares pueden arruinar a las personas a menos que estas busquen tiempo para relacionarse con Dios.

Un trabajo religioso excesivo puede hacer lo mismo, a menos que busquemos tiempo para cultivar la relación con Dios. El Dr. R. A. Torrey sabía que trabajar excesivamente en la obra del Señor puede conseguir que esta no sea productiva. Cada año apartaba dos semanas, se ponía ropa vieja y se iba a las montañas. La única que sabía dónde estaba era su esposa, y a menos que falleciese alguien estaba prohibido contactar con él. Durante dos semanas esperaba, se relajaba, descansaba, contemplaba el cielo, escuchaba y luego regresaba al mundo ajetreado con el corazón y la mente llenos de la verdad. Quiero darte un pequeño lema: si estás demasiado ocupado trabajando para el Señor como para dedicar tiempo a estar en su presencia, es que estás demasiado ocupado en la obra del Señor.

Seamos prudentes. Caminemos con prudencia, mirando alrededor de nosotros. Aquí tenemos la carretera ancha de Dios. Allá a la izquierda tenemos la ociosidad, y a la derecha la laboriosidad excesiva; y en medio tenemos esa ancha autopista. Podemos seguir esa autopista y disfrutar de mucho espacio, adelantar un montón de trabajo y aun así no oxidarnos a base de pereza ni agotarnos por estar demasiado ocupados. Hay un tiempo para cada cosa. Esperamos en Dios para que renueve nuestras pilas, y cuando estas han recuperado toda su energía las empleamos en la obra de Dios. Entonces caminamos no como necios sino como sabios. Recuerda estos dos peligros. ¡Ay del cristiano ocioso! No crecerá en gracia.

Pidamos sabiduría a Dios para no estar nunca ociosos pero sí para estar inactivos en ocasiones, con miras a renovar nuestras baterías, relajar nuestros nervios, apaciguar nuestras mentes y, por encima de todo, buscar visión de parte de Dios. Entonces no caeremos en ninguna de las dos cunetas, sino que avanzaremos por la autopista grande y ancha de Sion hacia un predeterminado fin.

Pronto la noche viene
Ana L. Coghill (1836-1907)

Pronto la noche viene,
tiempo es de trabajar;
los que lucháis por Cristo
no hay que descansar;
cuando la vida es sueño,
gozo, vigor, salud,
y es la mañana hermosa
de la juventud.

Pronto la noche viene,
tiempo es de trabajar;
si el pecador perece,

idlo a rescatar.
Aun a la edad madura,
débil y sin salud,
aun a la misma tarde
de la senectud.

Pronto la noche viene.
¡Listos a trabajar!
¡Listos!, que muchas almas
hay que rescatar.
¿Quién de la vida el día
puede desperdiciar?
"Viene la noche y nadie
puede trabajar".

(Trad. E. Velasco)

11

EL PELIGRO DE LA PROSPERIDAD Y LA ADVERSIDAD

Dos cosas te he demandado; no me las niegues antes que muera: Vanidad y palabra mentirosa aparta de mí; no me des pobreza ni riquezas; manténme del pan necesario; no sea que me sacie, y te niegue, y diga: ¿Quién es Jehová? O que siendo pobre, hurte, y blasfeme el nombre de mi Dios.

PROVERBIOS 30:7-9

¿Puedes imaginar qué pasaría si fuera posible sabotear este país en una sola noche, derribando todos los indicadores de autopista desde Maine a California, desde el Golfo hasta la frontera canadiense? ¡Que no quedase ni uno! ¿Puedes imaginarte cuántas personas morirían en menos de un día? Serían miles, porque las señales que indicaban cuidadosamente los lugares peligrosos ya no estarían en su sitio.

Lo que quiero decir es que cuando los peligros están bien señalados, no tienes que detenerte y volver atrás, ni tienes que ir conduciendo nervioso y asustado, porque los lugares peligrosos están bien indicados. Si prestas atención a las señales y conduces con cierto grado de atención relajada, la posibilidad de tener un accidente se reducirá hasta un mínimo infinitesimal. Pero si no prestas atención a las señales, o si estas han desaparecido, el peligro se multiplica sustancialmente.

No hacer caso de las señales de la autopista de la vida, o quitarlas, es causar un perjuicio peligroso al pueblo de Dios. Cuando un hombre dice: "Creo en la Biblia" y luego no presta atención a las enseñanzas de esta sobre los temas que le apetecen, rechaza la Palabra con mayor encono que si fuera totalmente incrédulo. Todos podemos hacer esto. Yo podría hacerlo, y ruego a Dios que no lo haga jamás, que sea lo bastante sabio como para evitarlo. Las personas bien intencionadas, incluso si no pretenden no hacer caso a las Escrituras, las niegan. Han ignorado los peligros del camino cristiano, de modo que han derribado los indicadores de las autopistas.

El peligro de la prosperidad

Una reflexión solemne nos dice que la historia de la humanidad, de las naciones y las iglesias, demuestra que confiamos en Dios, en términos generales, cuando no hay nadie más en quien confiar. Un cristiano debería ser realista. Es decir, debería guiarse por los hechos tal como son, sin inventarlos ni distorsionarlos. El hecho sencillo es que la historia de la humanidad, Israel, la Iglesia y los países, así como la de las iglesias individuales, manifiesta que Dios es el último en quien confiamos. Tendemos a confiar en Él cuando no tenemos nadie más en quien depositar la confianza. Cuando surgen otras cosas en las que confiar, nos apartamos de Dios para acudir a ellas y nos excusamos elocuentemente, diciendo que no confiamos en ellas, sino en Dios.

Para los israelitas fue un tropezadero la prosperidad que les había dado el propio Dios. En Deuteronomio 32:17-20, leemos lo siguiente:

Sacrificaron a los demonios, y no a Dios; a dioses que no habían conocido, a nuevos dioses venidos de cerca, que no habían temido vuestros padres. De la Roca que te creó te olvidaste; te has olvidado de Dios tu creador. Y lo vio Jehová, y se encendió en ira por el menosprecio de sus hijos y de sus hijas. Y dijo: Esconderé de ellos mi rostro, veré cuál será su fin; porque son una generación perversa, hijos infieles.

"Perversa" significa cínica, desvergonzada, con un corazón endurecido, hijos que no tienen fe. Tales hombres habrían defendido con elocuencia a esos dioses. Habrían aparecido artículos en las revistas, se habrían escrito libros y formado comités. Surgiría una defensa a ultranza de todo lo que es nuevo, y del hecho de que no debemos perder el tren al futuro.

Cuando llegamos al Nuevo Testamento, podríamos pensar que la humanidad habría cambiado durante los cientos de años transcurridos entre en torno al año 1450 a.C. hasta aproximadamente el 50 d.C. En esos 1.500 años, Cristo vino, murió, ascendió al Padre y envió al Espíritu Santo, y se formó la Iglesia. Pero veamos las palabras de Jesús que el apóstol escribe a una iglesia en Laodicea:

Y escribe al ángel de la iglesia en Laodicea: He aquí el Amén, el testigo fiel y verdadero, el principio de la creación de Dios, dice esto: Yo conozco tus obras, que ni eres frío ni caliente. ¡Ojalá fueses frío o caliente! Pero por cuanto eres tibio, y no frío ni caliente, te vomitaré de mi boca. Porque tú dices: Yo soy rico, y me he enriquecido, y de ninguna cosa tengo necesidad; y no sabes que tú eres un desventurado, miserable, pobre, ciego y desnudo. Por tanto, yo te aconsejo que de mí compres oro refinado en fuego, para que seas rico, y vestiduras blancas para vestirte, y que no se descubra la vergüenza de tu desnudez; y unge tus ojos con colirio, para que veas (Ap. 3:14-18).

Por si piensas que esto es severo, fíjate que Cristo dijo: "Yo reprendo y castigo a todos los que amo; sé, pues, celoso, y arrepiéntete. He aquí, yo estoy a la puerta y llamo" (vv. 19-20). Esta es la penosa condición de la Iglesia enriquecida en los últimos tiempos, repleta de bienes y de hermosos edificios, pero con su Salvador fuera, llamando para entrar en ella.

En el Evangelio de Lucas encontramos la historia del necio rico que dijo: "Esto haré: derribaré mis graneros, y los edificaré mayores, y allí guardaré todos mis frutos y mis bienes; y diré a mi alma: Alma, muchos bienes tienes guardados para muchos años; repósate, come, bebe, regocíjate. Pero Dios le dijo: Necio, esta noche vienen a pedirte tu alma; y lo que has provisto, ¿de quién será?" (Lc. 12:18-20). Toda la Biblia enseña que la abundancia, por muy honradamente que se consiga, constituye un gran peligro.

Después de que fundara la sociedad metodista, diera la vuelta al mundo y su número creciera cada vez más, Juan Wesley admitió: "En nuestras sociedades metodistas nos enfrentamos a una paradoja curiosa. Me he dado cuenta de que en cuanto un grupo de personas se reúne, forma una sociedad y acepta las doctrinas del Nuevo Testamento poniendo sus vidas en consonancia con la verdad, sus miembros se vuelven inmediatamente honrados, frugales, ahorradores, trabajadores, rectos e industriosos, y el resultado es que acumulan dinero".

Entonces añadió: "En cuanto disponen de dinero, empiezan a confiar en él. En cuanto empiezan a confiar en su dinero, dejan de ser santos y espirituales, frugales, trabajadores, honestos, buenos y, por tanto, se deslizan en su fe, de modo que caen en un círculo vicioso. Ponte a buenas con Dios y serás frugal, ahorrador, honesto, trabajador, serio. Este es el camino que lleva a la riqueza. Cuando te enriqueces, tiendes a deslizarte". Y concluyó: "Este es el círculo vicioso. ¿Qué vamos a hacer?".

Dejémoslo en manos de Juan Wesley. No era alguien a quien

derrotase un círculo vicioso. Dijo: "Yo tengo la respuesta. Sé honesto, santo, trabajador, frugal, ahorrador, obtén todo lo que puedas y luego repártelo, y de esa manera nunca retrocederás en tu camino cristiano. Consigue lo que puedas, ahorra lo que puedas, da todo lo que puedas".

Eso es exactamente lo que hizo Juan Wesley. Muchos hubieran puesto a sus pies las riquezas de Inglaterra (al menos el pueblo llano le hubiera dado su dinero), pero cuando murió contaba con 28 libras, unos 130 dólares, después de toda una vida. Vivió 83 años y murió con 130 dólares en el banco. No tuvo ni que hacer testamento: su entierro ya costó más dinero que ese.

Estar acostumbrado a la abundancia es letal si no sabes qué hacer con ella. Ningún muchacho es más arrogante y temerario que uno que acaba de enriquecerse. Ninguna muchacha es más extravagante e inconsciente que aquella que vive en la gran ciudad y gana mucho dinero. No digo que esto pase siempre, pero la tentación está ahí.

Con el paso de los años he visto a muchos jóvenes que, mientras estudiaban en secundaria y en la universidad, lucharon, se esforzaron, oraron, amaron a Dios y pasaron con poco. Entonces conocieron a una joven que había pasado por su misma experiencia, sus luchas y sus horas de trabajo hasta tarde para ganar dinero y poder seguir estudiando y contribuyendo a su hogar. Ella tenía poco, él también, se conocieron y se casaron. Acabaron los estudios, crearon una familia, consiguieron buenos empleos y usaron su inteligencia cristiana santificada para obtener una buena posición.

Pronto el dinero les llegaba en abundancia, y se mudaron a una casa mejor, compraron un coche más grande, un televisor más grande y el último modelo de todos los electrodomésticos. Empezaron a frecuentar menos el coro, apenas venían a la reunión de oración ni a la iglesia; comenzaron a hacer largas vacaciones, que cada vez fueron más largas. Pronto se olvidaron de su fe. La prosperidad es peligrosa para los cristianos.

Cómo controlar la prosperidad

¿Qué puedes hacer? ¿Estoy diciendo que deseo que todos los cristianos sean pobres? Si todo el mundo fuera pobre, ¿cómo nos las arreglaríamos para mantener a los misioneros en la obra? ¿Cómo fomentaríamos las editoriales cristianas? ¿Cómo facilitaríamos libros al público? ¿Y cómo mantendríamos abiertas las escuelas? ¿Cómo sería posible financiar la obra de Dios para seguir encomendando misioneros, emitiendo programas de radio y publicando libros? ¿Cómo lo haríamos?

No, la voluntad de Dios no es que todos sus hijos sean pobres. La voluntad de Dios es que su pueblo prospere, pero sabiendo qué hacer con esa prosperidad. Te daré tres reglas para gestionar bien la prosperidad:

1. *Agradécesela a Dios con reverencia.* Nunca recibas un aumento de sueldo, nunca recibas cualquier cosa sin dar las gracias a Dios con reverencia y admitiendo la fuente de la que proviene, sabiendo que viene del Padre de las luces, de quien proviene todo buen don.

2. *Compártela con generosidad.* Si no compartes con generosidad, empezará a contaminar y oxidar tu espíritu y tu alma. Cuanto mayor es la cuenta bancaria menor es el corazón, a menos que compartas con generosidad tus bienes de modo que tu conciencia esté tranquila y Dios satisfecho.

3. *Camina discretamente.* Si tienes abundancia, da gracias a Dios con reverencia, comparte con generosidad y camina con discreción. "Mirad también por vosotros mismos, que vuestros corazones no se carguen de glotonería y embriaguez y de los afanes de esta vida, y venga de repente sobre vosotros aquel día" (Lc. 21:34).

Este versículo nos habla de la prosperidad. Que los corazones "no se carguen de glotonería" significa que no coman más de lo que deben. La "embriaguez" hace referencia a la bebida alcohólica. "Los afanes de la vida" significa que, cuanto más pobre es una persona, menos preocupaciones tiene; cuanto más obtiene, más se preocupa. Si permite que su corazón se sobrecargue, que estas cosas terrenales lo ahoguen, el día de Cristo vendrá sobre él y lo encontrará desprevenido. "Porque como un lazo vendrá sobre todos los que habitan sobre la faz de toda la tierra. Velad, pues, en todo tiempo orando que seáis tenidos por dignos de escapar de todas estas cosas que vendrán, y de estar en pie delante del Hijo del Hombre" (Lc. 21:35-36).

La exhortación urgente es que vigilemos atentamente, no sea que la prosperidad, con su exceso de satisfacción, su glotonería, su embriaguez descontrolada y los cuidados de esta vida nos hagan indignos de aquel Día, y quedemos atrapados como un animalillo en una trampa cuando venga nuestro Señor. En lugar de ello, debemos orar para ser dignos de escapar de tales cosas y poder estar en la presencia del Hijo del Hombre.

El peligro de la adversidad

Es curioso, pero la prosperidad no es lo único peligroso: la adversidad también lo es. "Vanidad y palabra mentirosa aparta de mí; no me des pobreza ni riquezas; manténme del pan necesario; no sea que me sacie, y te niegue, y diga: ¿Quién es Jehová? O que siendo pobre, hurte, y blasfeme el nombre de mi Dios" (Pr. 30:8-9). Este es un versículo sabio y práctico del Antiguo Testamento. La adversidad conlleva los reveses económicos o las aflicciones físicas.

La adversidad económica

La adversidad económica es exactamente lo contrario de la prosperidad, pero sin embargo también es peligrosa, sobre todo si llega después de aquella. Algunas personas viven habitualmente con una carencia total o casi total de dinero, que se define como pobreza, de modo que no tienen nada frente a lo que reaccionar. Si tú has tenido mucho dinero y de repente la vida te da un revés, es una situación especialmente peligrosa, porque la prosperidad tiende a ablandarnos. Somos más blandos que nuestros padres.

El Dr. Samuel Johnson dijo: "Decide no ser pobre: tengas lo que tengas, gasta menos. La pobreza es un gran enemigo de la felicidad humana; sin duda destruye la libertad, hace que algunas virtudes sean impracticables y otras extremadamente difíciles".

Un exceso de pobreza te hundirá, te enfermará, te debilitará y hará que envejezcas antes de tiempo. Si has tenido prosperidad y luego te ves afectado por diversos reveses, es probable que te vengas abajo porque eres demasiado blando. Un exceso de prosperidad te ablandará.

Ver cómo de repente la prosperidad se nos escapa de las manos significa que nos enfrentamos a la probabilidad de que nos arrebaten la roca de nuestra confianza, haciendo que nos sumamos en el pánico.

La adversidad física

Es curioso ver que las personas reaccionan a la enfermedad física de dos maneras opuestas. Algunos reaccionan usándola como un medio de la gracia. David dijo: "Antes que fuera yo humillado, descarriado andaba; mas ahora guardo tu palabra" (Sal. 119:67). Mientras David estuvo enfermo, tuvo tiempo para reflexionar, orar y esperar en Dios, y usó su aflicción como un medio de la gracia. Otros, en cuanto se ven afectados por aflicciones físicas, tiran la toalla.

Algunas personas saben cómo utilizar la aflicción física. David dijo: "Antes de enfermar, me descarrié, fui descuidado. Cuando enfermé, tuve tiempo de reflexionar y hacer las paces con Dios". En cualquier caso, los problemas económicos o las aflicciones físicas son peligros, pero este breve versículo me ha consolado: "Si fueres flojo en el día de trabajo, tu fuerza será reducida" (Pr. 24:10). No promete nada; simplemente hace una afirmación poco halagüeña sobre un hombre, y sin embargo este versículo me conforta.

Cómo evitar estos peligros

El peligro de tener demasiado, y el peligro de no tener suficiente de improviso; o el peligro de la salud seguido de la adversidad física o de la muerte. Los extremos se tocan. El uno es la faceta desagradable del otro, pero ambos son peligrosos. Frente a ellos necesitamos una roca y un refugio, un escondedero y una fortaleza, escudo y poder; necesitamos la ayuda frente a los leones de la prosperidad y la adversidad. El león gordo es la prosperidad, y el otro, flaco y hambriento, es la adversidad; ambos son leones, y ambos constituyen un peligro. ¿Cómo podemos evitarlos? Ofrezco cuatro normas.

Despégate por completo de los bienes terrenales

Si no te despegas de los bienes terrenales, cada centavo que acumules será un perjuicio para tu espíritu. Si tienes un entendimiento con Dios que te dice en lo más profundo de tu ser quién es el dueño de todo, el aumento de tus riquezas no te perjudicará en absoluto, porque no son tuyas. Las administrarás para el Dador. Dios te las dio, y tú las administras.

Bendito aquel que no posee nada. Si no poseemos nada, Dios nos permitirá tener mucho. Si poseemos algo, eso nos maldice. Por lo tanto, expúlsalo de ti. Apártate por completo de las posesiones terrenales. Está atento a si un aumento te hace sentir muy bien. Fíjate si te sientes mejor cuando consigues más dinero. Detecta la alegría que te proporcionan tus posesiones.

Rompe la influencia de las filosofías del mundo

Un verdadero cristiano ha dicho adiós a las filosofías del mundo y a intentar estar a la altura del vecino. El mundo hace que nos avergoncemos si llevamos un traje que no sea la última moda; que sintamos vergüenza si conducimos un coche que no acabe de salir al mercado; que nos avergoncemos si vivimos en una casa que no sea la monstruosidad más reciente. Hace que nos avergüence estar un poco por detrás de los tiempos. Pero un hombre que es lo bastante adulto para darse cuenta de que está por encima de las modas lo es también para atreverse a vivir osadamente donde le plazca, tanto a la moda como fuera de ella.

No seguir la moda no es una impiedad. Seguirla no es un pecado. La gloria radica en que no nos importe ninguna de ambas cosas, que podamos decir: "Viviré decente y respetablemente, y alcanzaré un equilibrio feliz yendo por mi camino, sin que me importe lo que diga el mundo". El mundo nos influye desde que vamos a la guardería, y nos hace sentir vergüenza por llevar una ropa demasiado tiempo; por no tener una bicicleta, o porque tiene que ser la mejor. Si tenemos un coche, tiene que ser el mejor. Tengamos lo que tengamos, debe ser lo mejor.

Si no te ves libre de la prosperidad y de la adversidad, te harán pedazos. Si tienes prosperidad, te matará; si vives en la adversidad, te hará trizas. Si te libras de las filosofías del mundo y te atreves a ser cristiano, firme en tus propios principios, dando gracias a Dios por lo que tienes y siendo un cristiano independiente, ninguna de las dos te hará daño. Dios te sacará de entre esas dos piedras de moler, la de arriba y la de abajo.

Jesús llevó unas prendas que otra persona hizo para Él. Las cosas que tuvo pudieran venderse en una subasta, seguramente, por muy poco dinero; sin embargo, Jesús era el Señor de la gloria, y las riquezas del mundo eran suyas. Podría haber hablado a las piedras y convertirlas en oro. Podría haber hablado a los árboles y se hubieran convertido en delicioso pan blanco de trigo. Podría haber hablado al propio aire, que le habría traído riquezas con el viento; pero caminó por este mundo discretamente, en silencio, dejando tras Él solo una túnica.

Si Dios te ha dado posesiones, dale las gracias por ellas. Pero rompe el yugo de las filosofías mundanas y convierte a Dios en tu todo. Si Dios lo es todo para ti, puedes tener cualquier otra cosa y no te perjudicará. Si Dios es poca cosa o nada para ti, cualquier cosa te herirá.

Acepta tu condición de peregrino

Eres un peregrino en el mundo, no un residente. Estás de paso. Eres cristiano. No edificamos nidos para nuestros corazones en este mundo. En primavera, verás un pajarillo pardo con un pecho rayado y un círculo blanco en torno a sus ojitos, perfectamente redondos, que corretea por el suelo entre los arbustos, escarbando en la tierra a solas. Entonará el canto más dulce y apacible que hayas oído en tu vida. Es una reinita hornera, un ave migratoria.

El canto que emite la reinita cuando vuela es una de las mejores cosas que se escuchan en el suelo norteamericano, pero en Chicago no hay estos pájaros. Los que vienen por aquí son migratorios. Están de camino desde donde estaban hasta donde quieren estar, y solo se detienen el tiempo suficiente para darnos una breve muestra de lo hermoso que es su canto. Son tímidos y es imposible acercarse a ellos, pero si eres muy paciente los oirás cantar; las reinitas horneras van de camino del sur hacia el norte para poner sus huevos y criar a sus pequeños. Al otoño siguiente volverás a verlos rascando la tierra bajo tu ventana. Estarán emigrando.

Los hijos de Dios no son aves residentes, sino migratorias, que van desde donde están hasta donde estarán. Por supuesto, adonde vamos es al cielo del Dios Todopoderoso. Somos aves migratorias; somos peregrinos que van de camino. Este no es nuestro hogar; de modo que, mientras tengamos cosas, usémoslas con reverencia, gratitud y sabiduría. Démoslas generosamente mientras nos desprendemos del amor a las cosas, las opiniones de la gente, nosotros mismos, nuestro dinero, nuestra ropa y nuestras posesiones.

Somos peregrinos, y quien guía por el aire sin límite el vuelo seguro del ave también nos guiará hasta que por fin lleguemos a aquellas costas lavadas por las aguas que fluyen del trono de Dios. Hermanos, merece la pena esperarlo.

Más alto iré

Johnson Oatman, Jr. (1856-1926)

Hacia el Señor camino ya,
logrando cada día nuevas cimas,
orando sin cesar en el sendero
"Señor, permíteme más alto llegar".

Quiero vivir por encima del mundo,
aunque Satán con sus dardos me hiera;
pues ya mi fe captó el gozoso canto
de los santos que viven en lo alto.

Quiero escalar la cumbre más sublime,
captar un rastro de gloria divina;
mas sigo orando hasta hallar reposo:
"Señor, permíteme más alto llegar".

Señor, levántame, y deja que camine
por fe en la tierra de Canaán,
el lugar más alto que he hallado:
Señor, más alto iré si allí tú estás.

Mi corazón no anhela retrasarse
do surgen dudas y temores mil;
si bien algunos viven donde abundan,
mi meta firme es hacia Él subir.

12

EL PELIGRO DE LA VIDA POSPUESTA

Pero al disertar Pablo acerca de la justicia, del dominio propio y del juicio venidero, Félix se espantó, y dijo: Ahora vete; pero cuando tenga oportunidad te llamaré.

HECHOS 24:25

Si Jesucristo no puede hacer a un hombre bueno en este mundo, no puede justificarlo en el cielo. Si Jesucristo no puede librarme del poder del pecado en esta vida, no creo que pueda hacerlo ante el rostro de mi Padre en los cielos. Pero como hombre regenerado, justificado y liberado, creo que puede hacer ambas cosas. Creo que justifica ante el Padre a aquellos que creen en Él, y también liberta del pecado a quienes se arrepienten de sus faltas y creen en Él.

Tenemos una justicia, un dominio propio y un juicio aún por venir, y tenemos la creencia en Jesucristo para la transformación moral en esta vida. No todo el mundo responde al hecho de que Jesús quiere que el hombre y la mujer salvos hagan algo. Algunos lo pasan por alto o lo rechazan, mientras que otros se entregan y aceptan la buena vida en Jesucristo. Algunos se unen a la Iglesia y van a trabajar, dar testimonio e intentar crecer en la gracia y en el conocimiento del Señor Jesucristo. Otros admiten simplemente que la salvación es positiva y quieren saber más de ella, pero la posponen indefinidamente.

Recuerda que no habrás hecho nada respecto a la verdad hasta que hayas actuado basándote en ella. Si es una afirmación, hay que creerla. Si es un mandamiento, hay que obedecerlo. Si no has creído u obedecido, no has hecho nada, y has pospuesto tu vida cristiana.

Ya lo haré mañana

Invade nuestras vidas. Nos sigue adondequiera vamos. Esa gran bestia dice "Hoy no, hazlo mañana. Mañana lo haré, y así será". Así es como se posponen las peticiones del Espíritu Santo. No las negamos o rechazamos; simplemente las posponemos para algún momento más conveniente. Mañana y mañana, todo irá bien. Si no se obedece la Palabra de Dios, se rechaza con tanta seguridad como lo haría un seminario que negase su veracidad.

Hay dos tipos de incredulidad. Hay una incredulidad muy clara y otra que es demasiado cobarde como para manifestarse, pero la persona nunca obedece y, por consiguiente, demuestra ser un caso de incredulidad tan grave como el otro. Si creo, haré algo al respecto. Si alguien me dice que hay una bomba en la habitación, y lo creo, saldré de ella. Si no lo creo, me quedaré. Depende de si lo creemos o no. Si de noche grito: "¡Fuego! ¡Sal de tu casa!" y tú, mi vecino, no crees lo que digo, te darás la vuelta en la cama diciendo: "¡Ya vuelve a estar ahí ese borracho!".

Todo depende de si crees una cosa o no. Si aún no has hecho nada respecto a tu salvación, no crees en ella de forma "salvadora". Déjame que saque esto de la esfera de la teoría y la doctrina, y te demuestre lo que quiero decir.

La tragedia de la vida espiritual pospuesta

Nos pasamos la vida pensando en hacer alguna cosa, pero decimos: "Ya lo haré mañana". Compraste un libro con la intención de leerlo, pero aún no te has puesto con ello. Sigue ahí, en la estantería, justo donde lo dejaste. Te dices: "Cuando vuelva a casa empezaré a leerlo". Entonces llegas a casa por la tarde y quieres saber cómo va el mundo y el gobierno, de modo que ves las noticias en televisión y oyes a los comentaristas hablar de las noticias.

Entonces la cena está lista y tienes que comer, y después hacen un programa interesante en televisión, y lo ves. Entonces llega otro, te desperezas, bostezas y dices "He tenido un día duro". Así que te vas a dormir sin leer el libro. Y tomas una decisión: "El próximo verano, cuando tenga más tiempo, leeré ese libro".

Llega el verano y haces un viaje o unas vacaciones largas, llevándote el libro, pero aun así no tienes tiempo para leerlo. Digamos que el libro que está en la estantería es la Palabra de Dios. Dios tiene un libro que cuenta la grandiosa historia de su plan para salvar al mundo, y ha ayudado a miles de personas pero a ti nunca te ha tocado. Lo que haces no es más que posponer el acceso a la verdad de Dios.

Como cristianos decimos: "Mañana me pondré al día sobre ese tema. Mañana leeré ese Libro. Desarrollaré el hábito de ser fiel en la iglesia. Sé que debería leer la Biblia cada día, y mañana pienso empezar".

Escuchas un buen sermón y te dices: *Tengo que volver a leer la Biblia. Tengo que empezar. Voy a hacerlo.* Pero no lo haces. Un poco de pereza por aquí, otro por allá, o lees un devocional con contenidos predigeridos por otras personas, y ese es tu contacto con la Biblia durante ese día. Y dices: "¡Bueno, solo es temporal! Pronto me pondré a meditarla en serio".

Ya han pasado varios años y todavía no has leído toda la Biblia, y si lo has hecho no la has leído dos veces. Todo el mundo, después de haber pasado cinco años desde su conversión, debería haber leído la Biblia entera más de una vez, y haber dedicado una atención especial a determinadas partes de ella. Tenías intención de hacerlo, pero no lo has hecho.

No pospongas la oración privada cotidiana

A lo mejor dices: "Voy a orar. Tal y como están las cosas, solamente oro cuando tengo miedo, antes de comer, y murmuro algunas palabras antes de irme a dormir. Pero voy a empezar a orar de verdad. Empezaré a buscar tiempo y a dedicarme en serio".

Si no aprendes ahora a orar todos los días a solas, nunca llegarás muy lejos en el reino de Dios. Si dices: "¡Pero si ya oramos en familia!", te diré que eso no es suficiente. Jesús dijo: "Mas tú, cuando ores, entra en tu aposento, y cerrada la puerta, ora a tu Padre que está en secreto; y tu Padre que ve en lo secreto te recompensará en público" (Mt. 6:6). Si no lo estás haciendo, esta puede ser una razón por la que tu vida cristiana sea tan débil. Hemos de aprender el hábito de la oración cotidiana.

Un hombre oraba cinco veces al día, "tarde y mañana y a mediodía oraré y clamaré, y él oirá mi voz" (Sal. 55:17). No pretendo marcarte un horario, pero debes disponer de un lugar donde nadie te escuche. Cuando la gente nos escucha, tendemos a adaptar nuestras oraciones a quienes nos rodean.

Los griegos solían decir que si hay algún momento en que un hombre sea honesto, es cuando se presenta delante de los dioses. Esto es muy cierto cuando hablamos de un cristiano. Si hay un momento en que necesitamos ser honestos, es cuando estamos a solas en la presencia de Dios. Si no aprendes a orar todos los días (y para muchas personas eso es muchísimo, y para otras es muy poco), tu vida estará bastante inconexa. No producirás mucho fruto. Pero si quieres beber profundamente de las fuentes de Dios, tendrás que pasar un tiempo en oración, y eso es algo que no puedes postergar hasta mañana o pasado mañana, o el día siguiente; tienes que empezar ahora mismo.

No pospongas reunirte para orar

Hay muchos cristianos que nunca aparecen en las reuniones de oración. Si anuncias un banquete aparecerán todos. Si anuncias una reunión de oración, aparecerán solo unos pocos. Se puede determinar el poder de una iglesia en función del número de personas que asisten a la reunión de oración; de eso no cabe ninguna duda.

"Ya sé que debería ir, y la semana que viene pienso hacerlo". Llega la siguiente semana y no te presentas a la reunión. Si fueras tan fiel para ir a trabajar como lo eres para asistir a la reunión de oración, seguramente dentro de poco tiempo ya no tendrías empleo. Nada nos aleja del trabajo, pero casi cualquier cosa nos aparta de la reunión de oración por el simple motivo de que buscamos un desvío, un lugar donde escondernos.

Decimos: "La semana que viene empiezo". Si todas las personas que tienen intención de ir a la reunión de oración asistieran a ella, no habría sitio para todas. Decimos "la semana que viene", pero no lo hacemos. De modo que ese monstruo se come tu mañana y eres víctima de la postergación.

No pospongas dar a Dios lo que le pertenece

Si dices: "He sido descuidado con el dinero, pero también es verdad que he tenido que pagar la escuela de mis hijos, y aparte de eso las cosas no me han ido muy bien. A partir de ahora empezaré a dar el diezmo, y además aumentaré la cuantía de mis ofrendas. Lo voy a hacer el año que viene". Llega el año siguiente y no lo haces. Si recuerdas, llevas muchísimo tiempo diciendo lo mismo. Los impuestos son elevados. Acuérdate de aquella época en la que todo el mundo pensaba que era terrible que el Señor nos pidiese el diezmo, y luego el gobierno se llevaba el treinta por ciento y nadie se atrevía a decir una sola palabra al respecto.

Decimos: "Voy a empezar a ofrendar", y entonces llega una pseudacrisis. Al niño hay que ponerle ortodoncia. La esposa tiene problemas con sus pies y hay que comprarle zapatos especiales. Y al final resulta que el Señor no recibe nada. Frente al trono del tribunal de Cristo, todos tendremos que explicarle por qué postergamos aquello que sabíamos que debíamos hacer.

No pospongas hablar a los perdidos

Luego decimos: "Voy a hablar a ese cuñado que tengo y que está perdido; de verdad que voy a hablarle. Voy hablar a los demás del Señor. En serio que voy a hacerlo". Pero no lo hacemos. Vamos a verlos, comemos, charlamos y escuchamos música, pero no les hablamos del Señor. Cada día vivimos anticipando el siguiente, y decimos: "Mañana iré a ver a mi amigo". Pero no lo hacemos, nuestro servicio siempre queda pendiente y el reino de Dios padece por ello; los perdidos siguen estándolo y nosotros no hemos obedecido.

¿Qué pasa con el cristiano que desea la victoria en su vida? ¡Oh, cuántos miembros del pueblo de Dios desean la victoria! Anuncia un sermón sobre la vida victoriosa e inmediatamente tendrás una iglesia llena. Todo el mundo quiere la victoria; todo el mundo quiere poder; todo el mundo quiere tener más profundidad en su vida; pero decimos que mañana... mañana. Y mañana llega y se va, y decimos: "De la semana que viene no pasa".

Si quieres ser santo, si quieres servir a Dios, debes darle de tu tiempo. La gracia y la santidad requieren tiempo, y el cultivo del Espíritu también. ¿Quieres ser santo? ¿Quieres tener una fe profunda? Entonces debes conceder tiempo a Dios, no solo tener intención de hacerlo. Me dirás: "Te creo, hermano. Voy a hacerlo". Pero nunca lo haces.

Quizá seas alguien que nunca obtendrá la victoria a menos que escribas una carta dirigida a una persona con quien tuviste un problema. Es algo necesario, y he visto cómo este tipo de acto de reconciliación hace maravillas. Sin embargo, algunos dicen: "Mañana escribo esta carta".

"Mañana empezamos a orar en familia". O "En cuanto tenga mi nuevo horario laboral, organizamos la oración en familia". El horario nuevo llega y se va, y no tienen reunión de oración en familia. Te limitas a musitar una oración de gratitud a la hora de comer.

"Voy a reconciliarme con ese enemigo. Haré ese acto de amor". El mundo es un lugar salvaje y pecaminoso. Estamos en él para hacer cosas buenas por las personas, y te recomiendo que empieces hacerlas, porque cuando llegue la siguiente generación ya no estarás aquí.

David sirvió a su generación por la voluntad de Dios antes de dormir (morir). Ninguna persona tiene derecho a dormirse hasta que haya servido su generación. No puedes servir a una generación pasada, ni tampoco, excepto indirectamente, servir a una generación venidera. Pero puedes servir a la generación presente.

No pospongas los actos de amor y el servicio a tu familia

Un niño pequeño pidió ayuda a su padre para construir una cabaña en el patio trasero pero su padre siempre estaba cansado y le dijo: "No, esta tarde no".

A la tarde siguiente, cuando el padre llegó a casa, el niño le dijo: "Papá, ¿me ayudarás a construir la cabaña esta tarde?".

El padre le dijo: "Sí que lo haré, hijo, un día de estos. De verdad que sí". Pero no lo hizo.

Un día llegó a casa y su hijo le preguntó: "Papá, ¿me ayudas a construir la cabaña esta tarde?".

"Hijo, estoy cansadísimo. Si podemos dejarlo para mañana por la tarde, incluso compraré tablones nuevos y te ayudaré a construir tu cabaña". Así que el pequeño se fue a la cama con una gran sonrisa. Por fin iba a tener su propia cabaña con madera nueva.

Al día siguiente, sobre las diez de la mañana, este padre tan trabajador recibió una llamada telefónica. "Acuda al hospital, porque su hijo ha tenido un accidente. Cuando iba de camino a la escuela lo ha arrollado un camión".

El padre llegó al hospital y vio el cuerpo maltrecho de su

hijo. El niño lo reconoció, pero apenas pudo hablar. El padre acercó su oreja a los labios del niño y escuchó que este le decía: "Bueno, papá, al final no hemos hecho la cabaña, ¿no?".

El hombre dijo: "¡Oh, Dios mío, si pudiera tenerlo conmigo aunque solo fuera un día! Si pudiera tenerlo conmigo aunque solo fuera una tarde, por muy cansado que yo estuviera, lo ayudaría a construir esa cabaña. Lo único que he hecho ha sido postergarlo una y otra vez". Y lo único que tendrá durante el resto de su vida es el recuerdo de un acto de amor que pospuso.

Hay personas esperando esa buena acción; quizá no la pidan insistentemente, pero la esperan. Tienes intención de mostrarles tu amor, pero no lo has hecho. Estás cayendo en la trampa de la vida postergada.

A la persona rebelde, el Señor le dice: "Vuelve a casa". Estás posponiendo el regreso al Señor; pero ¿recuerdas lo que dijo el hijo pródigo? "Me levantaré e iré". No dijo: "Mañana me levantaré e iré". Dijo: "Me levantaré e iré ahora". Así que se levantó y fue. Solamente hay una manera de ser fieles a una intención: ponerla en práctica.

No pospongas responder el llamado de Dios

Cuando el Señor acude junto al alma perdida y le ofrece perdón, limpieza, liberación y luz, el alma perdida le dice: "Sigue tu camino, en otro momento, en otra época más propicia. Mañana dejaré mis malos caminos. Mañana me apartaré de las maldades que estoy haciendo y que sé que ofenden a Dios". Pero no lo hace.

"Mañana confesaré", pero no lo hace. "Mañana haré una confesión pública de Cristo delante de la iglesia. Mañana pasaré al frente de la iglesia y me haré cristiano. Mañana, la semana que viene". Pero no lo hace.

Esta es la historia de cómo muchas decenas de miles de almas "mañana me salvaré" perecen hoy. Para mí esto es terrible. Creo que Dios puso los relatos de la Biblia como indicadores para nosotros. En las encrucijadas de la vida se yerguen cruces blancas que dicen: "¡Cuidado! Aquí es donde los hombres mueren".

Creo que la historia de Félix en Hechos 24 es uno de estos indicadores en la carretera de la vida, que nos dice: "¡Cuidado! A continuación viene una curva cerrada". Félix murió en la curva cerrada; pospuso vivir. Félix perdió lo que no podía permitirse perder.

Si Félix hubiera perdido su empleo, lo podría haber superado. De hecho, acabó perdiéndolo dos años después. Si hubiera perdido a su esposa Priscila lo podría haber superado. También podría haber asumido perder la salud. Incluso podría haber perdido su vida y encajarlo bien. Todos tenemos que morir. Pero perdió lo que nadie se puede permitir perder. *Félix perdió su alma*. Nadie se puede permitir la pérdida del alma. Nadie se puede permitir la pérdida de ese tesoro precioso al que decimos: "Mañana... mañana... mañana".

¿Qué vas a hacer? ¿Vas a vivir hoy, o vas a posponer vivir hasta mañana, y no vivir jamás? ¿Vas a hacer las paces con Dios hoy, o vas a posponerlo y no hacerlas nunca? ¿Vas a buscar al Espíritu Santo por sí mismo y dejar que hoy te llene? ¿O quieres posponerlo y no ser nunca lleno del Espíritu? ¿Vas a buscar la victoria en tu vida cristiana o vas a decir: "Mañana o la semana que viene hablaré sobre el tema con mi pastor"? Si lo pospones quizá nunca lo obtengas.

Cuán tiernamente nos está llamando
Will L. Thompson (1847-1909)

¡Cuán tiernamente nos está llamando
Cristo a ti y a mí!
Él nos espera con brazos abiertos,
nos llama a ti y a mí.

Coro:
Venid, venid a mí,
si estáis cansados venid.
¡Cuán tiernamente nos está llamando!
¡Oh pecadores, venid!

¿Por qué tememos si está abogando,
Cristo por ti y por mí?
Sus bendiciones está derramando,
siempre por ti y por mí.

El tiempo vuela, escucharle conviene
nos llama a ti y a mí.
Vienen las sombras y la muerte viene;
viene por ti y por mí.

Su tierno amor Cristo ha prometido,
te ama a ti y a mí.
Perdonará al que en Él ha creído
nos llama a ti y a mí.

EL CAMINO PARA SUPERAR ESOS RETOS

13

RESISTAMOS A LA PROPAGANDA DEL MUNDO

Por tanto, no durmamos como los demás,
sino velemos y seamos sobrios.

1 Tesalonicenses 5:6

Mas el fin de todas las cosas se acerca; sed,
pues, sobrios, y velad en oración.

1 Pedro 4:7

La maldición del letargo espiritual en la iglesia evangélica ha generado la vulnerabilidad a los ataques insidiosos del enemigo. Para vencer al mundo y sus influencias, debemos comprender la dinámica de esos ataques y las trampas que ha colocado nuestro enemigo el diablo. De entrada, recomiendo que vigilemos atentamente para no caer en la trampa de la propaganda: la batalla por nuestras mentes.

Nuestro enemigo cree en la esclavitud. Hay dos tipos de esclavitud. Está la esclavitud del cuerpo, que pretende controlar la conducta mediante la fuerza física. Esta esclavitud existió en otros tiempos en Estados Unidos, para nuestra vergüenza histórica sempiterna. Pero hay otro tipo de esclavitud que me parece mucho peor. Es la esclavitud de la mente, que se alcanza gracias a ideas insidiosas con las que se la alimenta. Una vez estas ideas captan nuestra atención, nuestra obediencia es voluntaria y somos inconscientes de que nos hemos convertido en esclavos de la propaganda del enemigo. De hecho, estamos muy satisfechos y no sentimos el deseo de vernos libres de la trampa de esta propaganda.

Si pones cadenas en los tobillos y las muñecas de un hombre, él se dará cuenta. Si lo miras a los ojos percibirás la rebelión angustiada del espíritu humano libre frente a los hierros de la esclavitud. Pero condicionar la mente crea a un esclavo que no sabe que lo es. Constantemente nos bombardean con ideas nocivas que adoptamos mientras aprendemos a creer en ellas, pensando que son positivas, y en nuestra ignorancia las seguimos. Hacemos esto sin saber que hay una mente aguda, astuta e inescrupulosa que intenta controlarnos.

¡Empieza la batalla!

La guerra más importante que se haya librado en la historia humana no aparece en los libros. Aquellas guerras eran de cuerpo contra cuerpo, pistola contra pistola, espada contra espada y batallón contra batallón. La guerra más importante aún se libra hoy día mediante todas las técnicas eficaces diseñadas para inducirnos a dejar de pensar por nosotros mismos. Es una guerra que libran los medios de comunicación en todas sus diversas formas, desde los noticiarios televisivos hasta el "entretenimiento". Si de repente pudieras dar un paso atrás y contemplar sin tapujos tu mente, y ver hasta qué punto los medios la han afectado y cómo te has convertido más o menos en una criatura influida por ellos, te quedarías conmocionado y dedicarías unos días a ayunar y orar para liberarte de esa influencia.

Otra técnica es la del sistema educativo. Por supuesto que debemos tener escuelas, pero nuestro sistema educativo alimenta las mentes de nuestros jóvenes con el propósito de controlar su pensamiento. A esto añadimos la propagación eficaz de las ideas a través de la radio, la televisión, el cine, las revistas, los libros e Internet. Quien controla estos medios controla las ideas y el pensamiento del pueblo estadounidense hoy día.

Una de las técnicas con mayor éxito que haya ideado jamás la mente humana para controlar el pensamiento de las masas es la publicidad. Los publicistas son los mejores educadores del mundo y, usando unos medios caros y muy bien pensados, están ocupados controlando nuestro pensamiento. Su objetivo es hacer que todos pensemos lo mismo sobre determinados temas como la vida, el amor, el dinero, el placer, el matrimonio, los valores, la religión, el futuro, Dios, nuestra relación con Dios y todo el resto. Anhelan que todo el mundo piense lo mismo sobre todo.

Todos somos filósofos

Aunque solo algunas personas se labran la reputación de ser filósofos, filósofos somos todos. El muchacho que lleva una navaja o una pistola y agrede a otro muchacho inocente en la calle y lo mata o lo hiere también es un filósofo. Si lo presionas y lo arrinconas, te dará motivos para hacer lo que hizo. Y el motivo es su filosofía.

Cada vez que tienes razones para hacer algo, te comportas como un filósofo. Por lo tanto, todo el mundo es filósofo. Todos tenemos una determinada filosofía de la vida. Contemplamos la vida y la vemos desde determinado punto de vista. Tanto si escribimos grandes libros y nos arrogamos ese nombre como si somos personas sencillas a quienes nos haría gracia que nos considerasen filósofos, todos lo somos.

¿Quién va a controlar tu filosofía? ¿Quién va a determinar tu forma de ver la vida? ¿Quién va a tomar las decisiones? Tú afirmas que lo haces tú. ¡No me hagas reír! Tú no lo haces ni de casualidad; solamente piensas que lo haces.

Luego tenemos nuestra filosofía sobre el amor. ¿De qué va este asunto del amor? Lo único que tienes que hacer es pulsar un botón y te dirán lo que es y lo que no es. Nuestras ideas acerca del amor humano entre los sexos y el amor en la sociedad proceden de la televisión, el cine, las revistas y todo tipo de anuncios.

Por lo que respecta a la filosofía del dinero, creemos lo que la prensa nos dice que pensemos sobre el dinero, o creemos lo que hayamos aprendido en la escuela. Nuestra actitud hacia los placeres (inocentes o perjudiciales) la aprendimos del mundo. El mundo utiliza técnicas eficaces para inducirnos a pensar como quiere que pensemos, sobre todo acerca de Dios, la religión, nuestros valores y el futuro.

Lo que pienso sobre el dinero es importante, pero es mucho más importante lo que pienso de Dios. Desde el Gran Despertar de Jonathan Edwards no ha habido una sola época en la que haya habido tanta religión en el país como hoy, tantas personas que intenten convencernos de que pensemos de determinada manera en la religión, en Dios y en los valores humanos, en la vida futura y en nuestra relación con Dios en esa vida.

Resístete al consejo de los impíos

Seremos lo que hagan de nosotros a menos que, por supuesto, organicemos una rebelión, que yo confío en incitar. La estrategia consiste en controlar nuestra conducta mediante la propagación de ideas y llevarnos a aceptar el consejo de los impíos. La Biblia habla acerca del consejo de los impíos y pronuncia una bendición sobre el hombre que no camina en él. Debemos tener siempre en mente que vivimos en un mundo caído, y que todo lo que se origine en el mundo está destinado a ser perjudicial e impío. Todo lo que nazca de la sociedad organizada, de unos pensamientos procedentes de mentes y corazones caídos, no es de Dios.

La Palabra de Dios fue dada para contrarrestar los consejos impíos entre los santos y para formar nuestras mentes, no mediante todas las técnicas de los medios, sino por el propio Dios. El Dios que nos hizo nos dio una Biblia, su Palabra, y envió al Espíritu Santo para interpretarla, para así controlar nuestras mentes; de modo que Él, que es la fuente de toda bendición y amor, y que hizo nuestras mentes, pueda modelarlas y rehacerlas de nuevo. Ese Dios quiere controlar nuestras mentes, y no vacila en decir que debemos tener la mente de Cristo.

Alguien controlará tu mente. ¿Quién será? ¿Será el publicista? ¿Será la escuela pública? ¿Serán los medios de comunicación? ¿O será Dios? Amigo, tienes que tomar una decisión al respecto. Tanto si quieres como si no, alguien controlará tu mente; ¿quién será? "¿Con qué limpiará el joven su camino? Con guardar tu palabra" (Sal. 119:9).

Busca el consejo de Dios

¿Cómo convertir mi ignorancia en sabiduría? Por medio del consejo de la Palabra de Dios. ¿Cómo enderezar mis ideas falsas? Siendo corregidas con la Palabra de Dios. ¿Cómo se volverá luz mi oscuridad? Mediante este Libro, que es una lumbrera a mi camino. Gracias a este Libro, interpretado por el Espíritu Santo, es que obtengo las ideas correctas sobre el amor, el matrimonio, la vida, el dinero, los placeres y los valores, Dios y mi relación con Dios, y la vida venidera y mi posición en esa vida.

La guerra se libra entre el consejo de los impíos y el consejo de Dios. ¿Cuál controlará tu mente? Eres un peón y un títere atrapado en medio, y si no despiertas a esa realidad, aprenderás los caminos de Babilonia y de Egipto. Adoptarás sus ideas, pensarás como ellos piensan, valorarás lo que ellos, amarás lo que ellos aman e ignorarás lo que ignoran.

Esclavos de Jesucristo

El cristiano recibe una mente nueva. Se trata de la mente redimida, una mente recreada comprometida con Cristo. Me dirás: "¿Acaso eso no es otro tipo de esclavitud?". Sí. Es la esclavitud del amor. Es la esclavitud de la adoración. Es la esclavitud del gozo extremo. Es la esclavitud del éxtasis más elevado.

El apóstol Pablo, que vivió en un estado en que los esclavos eran una visión frecuente en las calles, dijo que era "siervo de Jesucristo" (ver Ro. 1:1). Siempre que aparece la Palabra "siervo" en el Nuevo Testamento, puedes sustituirla por "esclavo", porque eso es lo que quería decir Pablo. No pensaba en un siervo asalariado que viene a las nueve, se va a las cinco, recibe su sueldo y se marcha a casa. En la Biblia este concepto es desconocido. Pablo dijo abiertamente al pueblo, en todas las oportunidades que tuvo, que era esclavo del Dios Todopoderoso y de Jesucristo.

Pero esto también es libertad. El amor nunca siente la esclavitud, y no conoce las ataduras. Esta obediencia a Jesucristo, que Pablo llamaba esclavitud, no es la esclavitud que se impone desde fuera por medio de las leyes, ni mediante la introducción de ideas ajenas en la mente. Es la atadura feliz, gozosa, de la libertad y del amor; y la criatura más santa y más libre en los cielos es el ángel que está más cerca del trono de Dios.

Esas criaturas que se postran y extienden sus alas, que corren prestas a hacer la voluntad de Dios y no tienen otra mente que la de Dios y ninguna otra voluntad aparte de la suya, son los seres más libres de todo el universo. Aquellas criaturas que, como nosotros, intentan liberarse de la voluntad de Dios solo consiguen ser víctimas de los propagandistas que quieren hacernos pensar igual que ellos y sentir lo que ellos sienten; son esclavos.

El ave que vuela por el cielo es libre y, sin embargo, está sometida a las leyes de la aerodinámica. Las estrellas que se desplazan siguiendo sus órbitas antiquísimas e inconmensurables son libres, porque hacen la voluntad de Dios. Siempre que hacemos la voluntad de Dios somos libres. Siempre que nos apartamos de ella, somos esclavos. El libro de Romanos dice que quien peca es esclavo del pecado, y quien hace la voluntad de Dios es el siervo libre de Dios (Ro. 6:16).

Despierta del letargo espiritual

Supón que en Washington, D. C., emitieran una ley que dijera que no podías ir a la iglesia porque, si fueras, te multarían. Y si reincidieras, irías a la cárcel. Sabríamos a qué atenernos, y nos levantaríamos con la cabeza bien alta diciendo: "Con la ayuda de Dios, nunca me someteré a esa ley. Iré a la iglesia cuando quiera, y oraré a Dios cuando me plazca. Mis padres fundaron esta nación en torno a la afirmación de que todo hombre debía adorar a Dios siguiendo los dictados de su corazón".

Sin embargo, esto no es lo que pasa. El diablo es un estratega demasiado avezado como para tratarnos así. Está dedicado a lavarnos el cerebro y a condicionarnos, poco a poco, y a introducir sus ideas en la Iglesia. Cuando entran en la Iglesia las ideas de los impíos, el consejo de Dios se va. Mi cruzada se centra en despertar a la Iglesia de su letargo espiritual, haciéndola consciente del hecho de que le están lavando el cerebro, que la someten a propaganda para aceptar lo que nunca aceptaría si se lo impusieran por ley desde Washington.

Tenemos un ejemplo en Lot y su familia, allá en Sodoma. Fue a esa ciudad por motivos económicos, porque la hierba era verde. Rápidamente se convirtió en un personaje importante en la ciudad; estaba sentado a las puertas. Su familia era bien conocida en la urbe y, poco a poco, los sometieron a propaganda: les lavaron el cerebro.

Lot se resistió. Había tenido suficiente contacto con Abraham; se había sentado junto a él y había caminado a su lado. Había oído orar a Abraham, y después de escuchar cómo aquel elevaba sus oraciones a Dios, le era imposible aceptar el lavado de cerebro de Sodoma. Lot "afligía su alma justa" (2 P. 2:8).

Gracias a Dios por las palabras "afligir" y "justa", unidas en el corazón de un mismo hombre. Afligía su alma justa. Formaba parte de Sodoma, pero la aborrecía. Cuando Sodoma montaba sus espectáculos, escuchaba en su memoria la voz de Abraham orando. Aún resonaba en sus oídos, y envenenaba todos los placeres de Sodoma. Pero no era lo bastante resoluto como para levantarse y marcharse. Por motivos económicos, permaneció en Sodoma, odiándola.

Pero la familia de Lot no era tan fuerte. Los envenenaron y agobiaron con propaganda hasta que se convirtieron en sodomitas. Cuando el Dios Todopoderoso lanzó su juicio poderoso sobre Sodoma y envió fuego para destruir la ciudad, Lot huyó con sus dos hijas; su esposa no lo consiguió. Le habían lavado el cerebro, y se volvió para mirar la ciudad. Padeció el mismo juicio que aquella. Lot escapó con sus dos hijas, pero incluso ellas estaban envenenadas.

Cuando Israel pasó 400 años en Egipto, estuvieron sometidos a la propaganda nacional, aunque ellos se mantuvieron distantes. Aprendieron los caminos de Egipto y acabaron siendo idólatras. Lo fueron hasta que Moisés bajó la ley del monte Sinaí, corrigió su forma de pensar equivocada, acabó con su idolatría, les expuso la ley y les dio la Palabra de Dios.

Lentamente, después de que entrasen en la tierra prometida de Palestina, las naciones a su alrededor se fueron infiltrando en Israel. Los israelitas aprendieron los caminos de los paganos, los jebuseos, los hititas y el resto de pueblos a los que tendrían que haber expulsado del territorio. Los israelitas aprendieron poco a poco los malos caminos de las naciones. Como sabes, el resultado fue la cautividad en Babilonia, que acabó destruyendo la idolatría. Después de pasar 70 años de cautiverio en Babilonia, Israel nunca ha vuelto a adorar a ídolos.

Apártate del mundo

¿Qué será necesario para despertar a la Iglesia... para impedir que el mundo la use para alcanzar sus propios fines? Me pregunto qué tipo de Babilonia y junto a qué ríos nos sentaremos amargamente y colgaremos nuestras arpas, negándonos a cantar. Me pregunto qué Esdras y qué Nehemías nos serán enviados de nuevo al mundo, purgados de nuestra idolatría y lavados esta vez por la sangre del Cordero.

La única manera de ayudar al mundo es mantenerse alejados de su lavado de cerebro. El hombre que ha adoptado sus caminos nunca puede ayudarlo. Podemos ayudarlo solamente si nos alejamos de esos caminos. El hombre distante es el único que lo puede beneficiar. La única manera de que ayudes a un pecador es yendo en su contra.

Solo hay una manera de ayudar a la humanidad, y es oponiéndose a ella. Porque dondequiera que la humanidad se equivoca, dondequiera que se diferencia de Dios, significa que un hermano debe oponerse a otro, las esposas a sus maridos y los hijos a sus padres. Jesús dijo: "Si alguno viene a mí, y no aborrece a su padre, y madre, y mujer, e hijos, y hermanos, y hermanas, y aun también su propia vida, no puede ser mi discípulo" (Lc. 14:26). Debes ser sobrio y orar para estar en guardia frente a la propaganda del mundo. No te vendas, y no permitas que el mundo te vaya convenciendo para mal mediante el consejo de los impíos. Es mejor ser radical en el extremo positivo que débil en el negativo. Mejor ir demasiado lejos que quedarse corto.

Cuando el mundo te diga "¡Es que eres muy estrecho de miras!", dile: "A lo mejor soy estrecho, pero el camino también lo es, y el camino al cielo no es una autopista de dieciséis carriles. ¿Sabes por qué soy tan estrecho? Porque camino con mi Dios".

Quizá los padres peregrinos fueran demasiado estrechos. Yo creo que lo fueron cuando dijeron a los niños que no podían reírse el día de reposo. Creo que llegaron demasiado lejos cuando dijeron que un hombre no podía besar a su esposa el día de reposo. Creo que fueron demasiado lejos cuando dijeron que no podías recorrer el sendero de tu jardín, tomar una cebolla o cualquier fruto y comértelo; no podías quedarte de pie, sin hacer nada, contemplar el sol diciendo que en eso consistía la cosecha. Creo que se excedieron, pero es mejor tener un testimonio firme en la dirección correcta, incluso si va demasiado lejos, que tener ese grado de compromiso débil que tenemos hoy día.

Destaquemos, aunque a los ojos del mundo seamos extremistas. Que se nos conozca como cristianos separados para Dios. Si el mundo se ríe y las otras iglesias también, diciendo: "¿Qué pasa con ustedes, cristianos? ¿Son santurrones?", digamos: "No, no soy tan santo como quisiera ser. No soy más que un creyente en la Palabra de Dios; y si llego demasiado lejos, deberás perdonarme, pero prefiero ir demasiado lejos que quedarme corto".

La única esclavitud que recomiendo es la servidumbre dulce del yugo de Jesús, que es fácil, y cuya carga es ligera (ver Mt. 11:30). El yugo de Jesús es un yugo de amor, el yugo que nos ata a la esencia, el centro y el compendio de todo lo que es deseable, amoroso, maravilloso y bueno. Cuando pongas ese yugo sobre tus hombros, el yugo del mundo caerá a tierra.

Junto a la cruz de Cristo
Elizabeth C. Clephane (1830-1869)

Junto a la cruz de Cristo, yo quiero siempre estar,
pues mi alma albergue fuerte y fiel allí puede encontrar
en medio del desierto aquí, allí yo encuentro hogar
do del calor y del trajín, yo pueda descansar.

Bendita cruz de Cristo, a veces veo en ti,
la misma forma en fiel visión del que sufrió por mí;
hoy mi contrito corazón confiesa la verdad,
de tu asombrosa redención, y de mi indignidad.

Oh, Cristo, en Ti he hallado completa y dulce paz;
no busco bendición mayor que la de ver tu faz;
sin atractivo el mundo está, ya que ando por tu luz:
avergonzado de mi mal, mi gloria es ya la cruz.

14

CONTEMPLEMOS NUESTROS CAMINOS

Venid luego, dice Jehová, y estemos a cuenta: si vuestros pecados fueren como la grana, como la nieve serán emblanquecidos; si fueren rojos como el carmesí, vendrán a ser como blanca lana.

ISAÍAS 1:18

La diferencia entre un hombre y un animal es que el hombre reflexiona y el animal no. El hombre y el animal parten de un conjunto de datos prácticamente idéntico. Cuando en este mundo nace un cachorrito o un ternero, recibe los mismos datos con sus sentidos: el sol brilla o se oculta. Hace calor o hace frío. El entorno es cómodo o no lo es. Su madre está cerca o no lo está.

La Biblia no duda en decir que los hombres y los animales se parecen mucho. Pero también dice que existe un abismo entre ellos, una diferencia tan grande que no se puede explicar. La diferencia principal empieza a manifestarse en un estadio temprano, porque el hombre reflexiona y el animal no lo hace. Un niño de tres años es un interrogante móvil. El niño reflexiona. Pero el ternero que ha nacido en el campo o en la granja vive según sus instintos, puede llegar a viejo y, si se le permite, morir de viejo, pero seguirá viviendo según su instinto. Habrá aprendido poco, y lo que haya aprendido será de baja complejidad y no requerirá apenas reflexión alguna. Poco después de su nacimiento el niño empieza a formular preguntas, cosa que el animal no hace nunca.

Aquí detectamos una diferencia tan abismal como la diferencia que separa el cielo del infierno, y la tierra de las estrellas: se trata de la capacidad de meditar en nuestros caminos. Es trágico que, incluso, aunque en determinados momentos de nuestra vida reflexionamos sobre las cosas, al cabo de un tiempo la mayoría de personas ya no medita en sus caminos. Puede que reflexionen, pero no sobre sus propios caminos. Ojalá lograse que los adultos de este país prestaran tanta consideración a sus propias almas como la que conceden a la posición que ocupa su equipo deportivo en la clasificación general.

¿Cómo cambiaría nuestro país su consiguiéramos que sus habitantes dedicaran cuatro horas a meditar en sus propias almas, sus vidas y su futuro, con la misma concentrada atención con la que consideran los *strike outs*, las bases robadas y las demás incidencias del béisbol?

Un niño de tres años pregunta:

—Mamá, ¿yo de dónde he venido?

—De Dios —responde la madre.

—¿Y cómo llegué aquí?

—Jesús te envió.

—Mamá, ¿hay un Dios y puede verme? Si estoy en una habitación sin puertas ni ventanas, ¿puede verme?

Estas son preguntas básicas que un hombre adulto ya hace tiempo que dejó atrás. Ahora la pregunta básica es quién será el ganador del trofeo nacional. Pero ¿alguna vez te has parado a pensar que la bola que lanza un jugador ha sido creada para él con tanta precisión como para permitir que la lance como lo hace? ¿Te has parado a pensar que quizá haya olvidado su alma, no haya prestado atención a Dios y al cielo, para obtener a cambio la habilidad necesaria para lanzar la pelota al menos tres veces sin que la atrape el *catcher*? ¿Te has parado a pensar que las normas son arbitrarias y caprichosas?

Podríamos decir que a un jugador se le eliminara con cuatro *strikes* en lugar de con tres. ¿Y existe alguna ley universal que diga que con tres *strikes* uno está eliminado? Además, ¿qué diferencia supone lo que le pase a la pelota? Cuando una pequeña esfera artificial vuela por el espacio a una velocidad de 150 o 160 km/h, y alguien la golpea, y 35.000 personas se quedan afónicas de tanto gritar, ¿qué diferencia supone dónde vaya la pelota? Podría colarse por una topera; podría perderse bajo un tablón o cualquier otro sitio; podría volar hasta la calle y caer en la alcantarilla; o quizá la atrapase un jugador de las ligas mayores.

¿Qué diferencia hay? "Lo ha eliminado", dices. Pero ¿qué significa eso? Esta expresión arbitraria no hunde sus raíces en la naturaleza. Lo mismo pasa con la mayor parte de la actividad humana. Este magnífico intelecto que Dios ha dado al hombre, este instrumento brillante que puede destellar como corrientes plateadas de luz, atrapar la historia y analizarla para adelantarse hasta el futuro y traerlo hasta nosotros; este intelecto capaz de examinar estrellas, lunas, satélites, las profundidades de la tierra y del mar... ¿cuánto hace que no usas lo que Dios te ha dado?

Piensa ahora en esta imaginación, esta capacidad de reflexionar que tenemos. Dios dice "Considera tus caminos". "Venga, razonemos juntos". Dios nos llama a ello. Dice esto a hombres que no estarán mucho en el mundo. ¿Qué son unos pocos años frente al espacio solemne al que llamamos eternidad? ¿Qué trascendencia tienen? ¿Cuál es la diferencia?

En los tiempos de César, un hombre moría a los 20 o los 30 años; o quizá muriera a los 90. Unos y otros estaban separados por 70 años; pero ¿realmente importa hoy quién muriera a los 20 y quién lo hiciera a los 90? ¿Qué importancia tienen 20 años frente a 5.000, o frente a la eternidad?

Frente al trasfondo de la eternidad, Dios nos dice que meditemos. Aquí ya te he dado algo en qué pensar. No tiene importancia quién ganase ese partido de béisbol; no tiene importancia si tras el golpe la bola entró en el hoyo o no. Piensa en algo eterno. Piensa en algo que importe. Concede un poco de tiempo a algo relevante.

Lo que pide Dios de tu alma

Creo que en los cielos existe un gran Dios de justicia, sabiduría, lógica y sentido común, que concede a los hombres un poder increíble para reflexionar. Creo que Dios espera que el hombre reflexione; y si no lo hace, y se pasa horas y horas, día tras día, semana tras semana, pensando en cosas que no importan, olvidando lo que realmente importa, no creo que Dios tenga ninguna obligación de llevar ese hombre al cielo.

Dios puso allí la puerta y no la esconde, y las propias estrellas marcan con su órbita dónde está. Dios puso la puerta que lleva al reino. Dios llama, espera, extiende su mano y dice: "Vengan, vengan, vengan". Llama, invita, exhorta, nos urge de mil maneras durante toda la vida. Pero si un hombre opta por ignorar la llamada y se niega a ver esa puerta, ¿con qué lógica moral Dios tiene la obligación de agarrarle por el cogote y llevarle al cielo, donde se pasará toda la vida tonteando con las cosas que no importan y negándose a reflexionar sobre lo importante?

Un hombre comete un gran perjuicio contra su propia alma cuando escucha un sermón y luego reflexiona sobre si fue tan bueno como el de la semana anterior. ¡Qué pensamiento terrible que, avecinándose el juicio final, mientras nuestras vidas se escapan, comparemos sermones en vez de hacer algo al respecto! Es un gran perjuicio contra nuestras almas vegetar como criaturas irracionales o malgastar las facultades que Dios nos dio, no otorgadas a las estrellas ni a los planetas, sino a los ángeles y a los serafines, y al propio Dios. Afirmo que cometemos un crimen terrible contra nuestras propias almas cuando usamos nuestras facultades para engañar, entretener y olvidar nuestras almas. Santiago pregunta: ¿Qué es tu vida? Posees el bien más precioso de este mundo.

El otro día estuve en el campo y vi un centenar de vacas Hereford a las que engordaban para el mercado. Eran especímenes grandes, de buen aspecto. Calculo que pesarían unos 300 kgs. cada una. Aparentemente tenían de todo, pero les faltaba una cosa: aquello que tiene el hombre o la mujer más pobres, un alma.

El vagabundo de un barrio marginal, que yace por la noche medio borracho en la calle de algún arrabal, tiene lo que no tiene el caballo con el mejor pedigrí: tiene un alma; tiene una vida que le ha dado Dios. Tiene algo que no tendrá final jamás, sino que perdurará eternamente. ¿Qué es tu vida?

La posees, y es lo más precioso que hay en el mundo, porque dota de sentido a todo lo demás. Dios te la ha prestado un tiempo. No sé cómo hace Dios las almas, pero sé que nos las presta. Cuando el recién nacido lanza su llanto de protesta al mundo, y su madre lo acuna cálidamente junto a su pecho, Dios dice a aquel pequeñín, cuando puede entenderlo: "Ven luego, dice Jehová, y estemos a cuenta: si tus pecados fueren como la grana, como la nieve serán emblanquecidos" (Is. 17:18).

Aunque yo hubiera de padecer los sufrimientos de los condenados durante mil años, no renunciaría a aquello que sé que es mi alma. Mi alma, aquello que hay en mi ser que se parece más a Dios que cualquier otra cosa en este universo, es algo a lo que no renunciaría. Seguiría diciendo que el ser humano tiene suerte al tener alma. ¡Qué potencial, qué posibilidades ilimitadas ha otorgado Dios al hombre dotado de alma!

Los jóvenes no saben que tienen otra cosa que glándulas; viven de sus glándulas, funcionan por ellas. Sí, es cierto que tienes un conjunto de glándulas, y Dios te las dio, y no deberías avergonzarte de ellas. Pero además de esas glándulas, tienes un alma. Piensa cuántos millones de personas en esta gran Tierra que es la nuestra no saben que tienen algo aparte de glándulas. Viven dependientes de sus glándulas y sus nervios. Quien puede conmover las glándulas del mayor número de personas logra ganar millones de dólares anuales. Funcionar por glándulas nos convierte en seres de mente débil, demasiado interesados en el sexo, decepcionados, que han olvidado que dentro de sus cabezas tienen un cerebro.

¿Qué harás con lo que Dios te ha dado?

Esta vida que Dios te ha dado, esta alma, es lo que hagas de ella. Ven y reflexiona, piensa un poco al respecto, considera tus caminos. Dios no aceptará la responsabilidad de hacer de ella más de lo que es ahora, porque Dios te la ha dado acompañada de un potencial.

Si yo llevase a un alfarero nueve kilos de arcilla de gran calidad y le encargara que me hiciera un jarrón, yo no sería responsable de otra cosa que del plan. Le diría la altura y la anchura que habría de tener el jarrón. Le diría cómo quería la decoración: que lo pintase, barnizara, horneara, y que lo barnizara y horneara de nuevo.

Podría darle las instrucciones de lo que quería, pero si al volver me encontrara un jarrón deplorable, torcido, lleno de bultos e inútil, yo no sería responsable, porque le había proporcionado la mejor arcilla, le había dado un esquema y hecho un encargo; el alfarero que no lo cumple no merece que le pague.

Dios ha puesto en tus manos algo mejor que la arcilla más buena; Dios te ha dado un alma. Piensa lo que han hecho los hombres con sus almas. Bernardo de Claraval escribió:

Jesús, cuando en ti centro yo mi pensamiento
mi pecho entero late con dulzura;

más hermoso es contemplar tu rostro atento,
y reposar entre tus brazos de ternura.

El alma que Dios puso en Bernardo de Claraval no es mejor que la que puso en ti o en mí, ni la del criminal más recalcitrante. Dios no es responsable de que, con esta vida e inteligencia y la Palabra de Dios ante nosotros, además de la exhortación del Espíritu Santo, no hagamos nada al respecto. No puedes culpar a la genética. No puedes culpar al medio ambiente. Las Escrituras dicen que dos estarán durmiendo en la misma cama, dos estarán labrando, quizá sean hermanos o hermanas, que durmieron juntos desde que nacieron. Quizá sean dos hermanos o un padre y un hijo arando en un campo; uno será tomado y el otro será dejado (ver Mt. 24:40-41). No puedes echar la culpa a la herencia o al medio ambiente de lo que le pase a tu alma.

Si culpas a tus padres y al modo en que te trataban en casa, no tengo ni simpatía ni mensaje para ti. "Tuve que ir a la escuela y no tenía ropa buena, así que me sentía avergonzado y tuve complejo de inferioridad. Mis padres eran religiosos, y me llevaban a la iglesia y me hacían asistir a la escuela dominical, y yo tenía agujeros en los zapatos, y eso me puso en contra de la religión. Por eso no soy cristiano".

¡Qué actitud más barata! ¡Menuda excusa! Lo único más inteligente que una excusa es el hombre que quiere ocultarse tras ella. Pero a menudo culpamos a nuestros padres, nuestra herencia o nuestro entorno. Entonces, ¿cuál es tu respuesta? Piensa un poco en ello. No puedes vivir para siempre a base de pastillas. No puedes vivir dependiendo de la activación de tus glándulas. No puedes vivir de fiestas, de conversaciones telefónicas prolongadas, y ocurrencias y comentarios chistosos; piensa en tus caminos, considéralos.

Qué debería hacerte reflexionar

Cuando tu alma se desperdicia, desaparece para siempre. Quiero que consideres muy cuidadosamente que tu capacidad de reflexión moral cada vez se debilita más. ¿Sabes lo que ha pasado en esta generación? Hemos agotado la capacidad de reflexión moral, incluso en los círculos eclesiales, de modo que exigimos a los escritores religiosos que nos ofrezcan algo condensado, breve, colorido, dramático y lleno de ilustraciones, adaptado a los sucesos y a la época, que no nos exija pensar en absoluto.

Hoy pedimos que las historias sean breves, sucintas, que vayan al grano, para que podamos pasar rápido a otra cosa. Moody Publishers sacó al mercado, con el editor Wilbur Smith, lo que llaman la Serie Wycliffe. Se trataba de los grandes libros de los teólogos puritanos, pero viven en las estanterías juntando polvo. El público no los compra. El motivo es que hemos desarrollado una mentalidad que no logra obligarse a abordar un libro serio. Tienen que alimentarnos con cuentagotas, como una cría de petirrojo que se ha caído del nido a causa de una tormenta. Como alimentamos a los cristianos con cuentagotas, en lugar de grandes almas y grandes santos tenemos a gente debilucha.

Piensa en cómo se va debilitando tu capacidad de reflexión. El niño de tres años formula más preguntas que el adulto de 30; y el de 30 pregunta más que el de 50. Recomiendo encarecidamente que consideres que, a medida que vayas envejeciendo, tu capacidad de reflexión moral irá disminuyendo y que tus prejuicios se fortalecerán. Tus hábitos se están petrificando y, más adelante, te costará más romperlos.

Dios espera pacientemente y, en ocasiones, parece que infinitamente; y entonces, un día, Dios dice: "Acepto eso"; esta es su respuesta. En realidad, lo que dice es: «Han escuchado el evangelio y por fin han tomado una decisión. Lo han dejado claro. No lo saben, pero han dicho: "Esta noche no, ahora no, tengo demasiadas cosas que hacer"». Dios dice: "Esta es su respuesta, y es definitiva". Después de eso no hay nada que nadie pueda hacer.

Frente a las cuatro últimas cosas que hemos mencionado (la muerte, el juicio, el cielo y el infierno), considera tus caminos. Tenemos una inteligencia, la capacidad de pensar, considerar y reflexionar; los animales que perecen en el mundo, con toda su belleza, no saben nada de esto. Dios te ha prestado un alma durante un tiempo y dice: "Reflexiona ahora, piensa, ven a mí, cree en mí, desecha tus pecados y confía en mí". ¿Qué piensas hacer?

Cuando realmente has conocido a Dios

A menudo me pregunto cuánto viene de Dios y cuánto no es más que social. Me pregunto si ambas esferas se pueden relacionar, si se pueden imbricar de modo que resulten inseparables. Me pregunto: si de repente eliminásemos la faceta social, ¿cuánto quedaría de lo espiritual? Parece que para ser felices siempre tengamos que estar haciendo algo.

Yo me convertí de manera tan profunda que nunca tuve que estar haciendo cosas sin cesar: celebrando encuentros en la calle, testificando, repartiendo tratados, orando, orando un poco más, haciendo más reuniones. Para mantenerme firme nunca tuve que hacer incontables actividades.

Ahora, para retener a los nuestros tenemos que hacer todas estas cosas. Si de repente las borráramos, ¿cuántos cristianos quedarían de entre todos? Me gusta la gente joven, pero me preocupan. ¿Han pensado últimamente en sus almas? ¿O simplemente están metidos en la corriente de cierto tipo de conceptos religioso-sociales?

Detente un momento". Piensa. Mira a lo alto. Escucha hablar a Dios. Debes decirte: *Un momento, solo un momento. ¿De verdad soy cristiano? ¿Conozco realmente a Dios? ¿De verdad estoy a bien con Él?*

¿Cuánto ha pasado desde que oré en voz alta en vez de murmurar? Pregúntate: ¿Cuánto hace desde que busqué a Dios a solas, con mi Biblia, sin que nadie lo supiera? ¿Cuánto tiempo ha pasado desde que derramé una lágrima de arrepentimiento o de gozo? ¿Vivo solamente de reuniones, comunión social y pizza? ¿O hay algo más profundo que eso? ¿He conocido a Dios?

Piensa en tu vida. Yo sería un profeta malo y falso si no dijera estas cosas. Considera tus caminos y razonemos. Porque el amado Señor espera hacer algo por ti y en ti que sea tan real, tan maravilloso, transformador y revolucionario, que nadie pueda engañarte para arrebatártelo.

A los 17 años conocí a Dios. Un año y medio después, lo conocí en un poderoso bautismo del Espíritu Santo y la plenitud del Espíritu, y entonces empecé a estudiar. Durante años leí escritos sobre el ateísmo y la incredulidad filosófica hasta que me dolía la cabeza. Me apartaba, caía de rodillas y decía a Dios con alegría: "¡Oh, Señor! Sé que no puedo responder a este hombre, pero te doy las gracias porque te tengo a ti". Adoraba de rodillas después de que un libro me dejara fuera de combate. Si no hubiera conocido a Dios, ese libro me habría arruinado para siempre.

Todos esos libros que exponen el ateísmo, la incredulidad, la filosofía, la psicología, y todos aquellos libros que estaban disponibles en aquel entonces, todos los libros despectivos y demás, nunca me afectaron, porque conocía a Jesucristo en persona. Lo había visto, lo había conocido, se digna caminar conmigo, y la gloria de su presencia será mía eternamente.

Puedes conocer a Dios así, y entonces no deberás temer lo que aprendas; no tienes que temer a un profesor incrédulo. Puedes ponerte en pie, enfrentarte a él y decir: "No puedo responder a sus preguntas, pero sí contarle mi testimonio".

Yo viviré por Él
Ralph E. Hudson (1843-1901)

Mi vida y mi amor te entrego a ti,
oh, Cordero de Dios muerto por mí.
¡Que siempre sea fiel,
oh, Salvador y Dios!

Yo sé que mi súplica recibes,
pues por tu muerte puedo yo vivir;
ahora y para siempre confío en ti,
¡mi Salvador y Dios!

¡Oh, tú que moriste en el Calvario
para limpiar mi alma y darme libertad!
Por siempre te consagro mi vida,
¡mi Salvador y Dios!

Yo viviré por Él, que murió por mí.
¡Qué feliz entonces mi vida será!
Yo viviré por Él, que murió por mí,
¡mi Salvador y Dios!

15

VIVAMOS LA DINÁMICA DEL REINO DE DIOS

Porque el reino de Dios no consiste en palabras, sino en poder.
1 Corintios 4:20

Superar los peligros a los que se enfrenta una iglesia sumida en el letargo espiritual supone descubrir el verdadero poder espiritual. El poder no descansa en la forma externa, sino más bien en la dinámica de la Palabra de Dios.

El apóstol Pablo tenía la autoridad de ser el apóstol principal, y fue nombrado por el Señor para varias misiones; una era recibir y conformar la verdad de la Iglesia y guiar a la Iglesia a una vida cristiana dinámica. Recibió la revelación directamente de Dios. Jesús dijo: "Aún tengo muchas cosas que deciros, pero ahora no las podéis sobrellevar. Pero cuando venga el Espíritu de verdad, él os guiará a toda la verdad; porque no hablará por su propia cuenta, sino que hablará todo lo que oyere, y os hará saber las cosas que habrán de venir" (Jn. 16:12-13).

Ese Espíritu entró en Pablo cuando Ananías oró por él, y fue lleno del mismo Espíritu Santo. Recibió lo que estaba oculto, y fue el molde en el que Dios lo vertió. Luego también fue nombrado por el Señor para organizar un sistema y una política eclesiales. El Señor lo comisionó para que encarnase toda la autoridad existente en aquel momento. Quizá lo más importante de todo es que Dios le mandó que fuera ejemplo de lo que es el caminar cristiano. Pablo dijo: "Por esto mismo os he enviado a Timoteo, que es mi hijo amado y fiel en el Señor, el cual os recordará mi proceder en Cristo, de la manera que enseño en todas partes y en todas las iglesias" (1 Co. 4:17).

Dijo estas cosas porque el hombre de Dios veía cómo unos cismáticos intentaban recortar su autoridad; eran hombres que afirmaban que Pablo no era un verdadero apóstol porque nunca había visto al Señor. Los otros apóstoles caminaron con Jesús, mientras Él estaba en este mundo. Pero esos hombres sostenían que Pablo no era apóstol, y podían demostrarlo por el hecho de que llegó después de la muerte y la resurrección de Jesús. Ese era su argumento. No tenían en cuenta la visión que había tenido Pablo de Jesús, como alguien nacido fuera de tiempo (1 Co. 15:8).

Estos cismáticos, que querían introducir división en la Iglesia, debían repudiar la autoridad de Pablo si querían afirmar la propia. Atacaron a Pablo, pero a él le daba igual. No le importaba: "Porque aunque de nada tengo mala conciencia, no por eso soy justificado; pero el que me juzga es el Señor" (1 Co. 4:4). Pablo sabía que si tenía alguna autoridad debía ponerla de manifiesto. Envió a Timoteo para enderezarlos y prepararlos para su visita. ¿No es curioso que no haya nada nuevo debajo del sol?

Lleguemos a la esencia del poder del reino

Hace años había un escritor estupendo que trabajaba para el *Chicago Daily News*. Fue a ver una obra de teatro griega clásica, *Lisístrata*, y después de verla habló de ella en su columna. Escribió: "Fui a ver esa obra griega antigua, escrita por Aristófanes, y salí del teatro muy desanimado. Lo que me desanimó fue lo siguiente: no es que estuviera mal escrita o que los actores la representaran mal, no. Salí del teatro convencido de que en 2400 años a nadie se le había ocurrido un chiste nuevo. Todo lo que escribió el viejo Aristófanes en sus comedias sigue flotando alrededor de nosotros".

Ese era un hombre del mundo que hablaba de cosas del mundo, pero lo mismo sucede en la vida espiritual. Muchos imaginan que son originales, pero nadie lo es excepto Adán. Pablo escribió: "Mas algunos están envanecidos, como si yo nunca hubiese de ir a vosotros. Pero iré pronto a vosotros, si el Señor quiere, y conoceré, no las palabras, sino el poder de los que andan envanecidos. Porque el reino de Dios no consiste en palabras, sino en poder" (1 Co. 4:18-20).

El reino de Dios no consiste en palabras

Esto es lo que quiero subrayar especialmente: el reino de Dios no consiste en palabras. Me encuentro entre los pocos que intentan advertir a la Iglesia de este hecho en nuestros tiempos. No son muchos los que entienden lo que dijo el apóstol Pablo en ese pasaje, que el reino de Dios no consiste en palabras, sino en poder.

Las palabras solo son la imagen externa de la verdad, nunca pueden ser la esencia interior. Las palabras son circunstanciales. Si yo dijera: "Todo el que sepa hablar sueco que traiga su Nuevo Testamento el próximo domingo; todo el que hable alemán, que traiga el suyo; el que hable noruego, el suyo" y demás, tendríamos media docena de idiomas. Si dijera: "Ahora leamos en el libro de Apocalipsis", sería toda una revelación ver que las palabras eran solo circunstanciales. Lo importante es el significado.

En medio de todas las palabras encontramos un significado espiritual, y las seis personas han encarnado ese significado en seis conjuntos distintos de palabras. No son palabras parecidas, o semejantes solo en ocasiones. Debemos recordar esto. El reino de Dios no está en las palabras. Estas solo son secundarias, nunca pueden ser fundamentales. Cuando el fundamentalismo dejó de enfatizar los significados fundamentales y empezó a subrayar las palabras fundamentales, pasó del contenido a las palabras, del poder a las palabras, y así comenzó su decadencia.

Existe una esencia de la verdad, y puede adoptar la forma de las palabras como la semilla de una nuez sigue la confirmación y la configuración de su cáscara. La cáscara no es la semilla, ni la semilla es la cáscara; de modo que, aunque la verdad adopta la forma de palabras, a veces la abandona. El gran error es decir que la forma es la esencia, y expresar el reino de Dios en palabras, de modo que si estas son las adecuadas lo habremos entendido todo. El que consiga un conjunto de palabras mejor, tiene más verdad. Esto no es necesariamente cierto.

Las palabras y el Espíritu

Las palabras engañan incluso a cristianos buenos, sinceros, que sienten que existe cierta seguridad en musitar palabras, que tienen un poder para ahuyentar. Dime por qué el diablo debería tener miedo a las palabras. El diablo es la esencia de la sabiduría creada antigua, que disfrutaba de la perfección de la belleza y de la plenitud de la sabiduría, y cuyo poder radica en su astucia y en su brillantez intelectual. ¿Me puedes decir cómo es que ese diablo de repente es tan tonto que tiene miedo de una palabra? ¿O de un gesto? ¿O de un símbolo?

Me cuelgo una cadena al cuello o hago un movimiento con los dedos delante de mi rostro para mantener alejado al diablo. Me pregunto qué haría un hombre sin brazos si el diablo fuera a por él y no pudiera hacer el signo de la cruz. El diablo no teme a las palabras ni a los símbolos. Puedes rodearte de símbolos religiosos (protestantes, católicos o judíos) que no te ayudarán en lo más mínimo, porque el diablo no teme a los símbolos; es demasiado listo como para ello.

¿Has visto a algún niño pequeño que le tenga miedo a una máscara? Te pones una máscara, y el niñito sale corriendo y dando gritos. Si el niño siguiera haciendo lo mismo a los 16 años, nos daría vergüenza. En cuanto crecemos, sabemos que las máscaras no significan nada. Las palabras no significan nada, como palabras. Imaginamos que, si pronunciamos determinadas palabras, tienen el poder de hacer el bien; si decimos otras, tienen el poder de ahuyentar al diablo. Esto no es más que paganismo bajo otra forma.

Pablo se dirigía a personas que fueron paganas hasta hacía poco, y que se habían convertido recientemente. A los griegos les encantaba la oratoria y el lenguaje culto, y produjeron una gran literatura. Pablo dijo: "Pues me propuse no saber entre vosotros cosa alguna sino a Jesucristo, y a éste crucificado. Y estuve entre vosotros con debilidad, y mucho temor y temblor; y ni mi palabra ni mi predicación fue con palabras persuasivas de humana sabiduría, sino con demostración del Espíritu y de poder, para que vuestra fe no esté fundada en la sabiduría de los hombres, sino en el poder de Dios" (1 Co. 2:2-5).

Cuando a un hombre le quitas la superstición, por un instante se siente tremendamente desnudo pero, a menos que eliminemos toda superstición, el Señor no puede revestirnos con el manto de la verdad. El reino de Dios consiste en poder; su esencia es poder. El evangelio no es la afirmación de que Cristo murió por nuestros pecados, según dicen las Escrituras (1 Co. 15:3). El evangelio es la afirmación de que Cristo murió por nuestros pecados según las Escrituras más el Espíritu Santo contenido en esa afirmación, que la dota de significado y de poder. La afirmación por sí sola no serviría de nada.

El evangelio completo

¿Te has preguntado alguna vez por qué las iglesias que instruyen a los jóvenes desde la infancia con el catecismo y les enseñan las doctrinas para que estén bien instruidos en la Palabra de verdad, no logran llevarlos hasta el nuevo nacimiento? Creo que es muy positivo que un joven conozca la doctrina. Pero ¿te has dado cuenta de que hay generaciones enteras de presuntos cristianos que han aprendido el catecismo, que conocen la doctrina, que son capaces de recitar el evangelio tanto como la ley y, que sin embargo, nunca llegan a nacer de nuevo? Nunca llegan a esa maravilla deslumbrante que es la renovación interior.

El motivo es que se les enseña que el poder radica en las palabras y, quien las domina, controla la situación, mientras que Pablo dice que el reino de Dios no consiste en palabras. El reino de Dios consiste en el poder que habita esas palabras. No puedes tener el poder sin las palabras, pero puedes tener las palabras sin el poder, y muchas personas lo hacen.

El evangelio es el poder del Espíritu que obra por medio de la Palabra. Es la afirmación del hecho de que Cristo murió por nuestros pecados según las Escrituras, que resucitó, que fue visto por muchos y que está sentado a la diestra de Dios y perdonará a quienes creen en Él. Este es el evangelio condensado, pero el poder debe estar dentro porque si no carecerá de vida.

La operación del poder

Pablo no apeló a ninguna autoridad dada por los hombres. Rechazaba los discursos, por elocuentes que fueran, y también se negaba a que otros adoptaran su propia postura. Apeló directamente al poder del Señor resucitado manifestado por medio del Espíritu. Dijo: "Quiero que lo sepan, y les he enviado a Timoteo para que intente enderezarlos y recordarles que lo que habla no es la boca de un hombre, sino el poder de Dios". Apelaba al poder del Cristo resucitado. Si esta iglesia y las personas que la formaban no vivían un milagro constante, no eran cristianos en absoluto, porque toda la vida cristiana es un milagro.

Es lo que fue el arca de Noé en los días del diluvio; estaba totalmente separada de la inundación, pero sin embargo flotaba sobre sus aguas. Es lo que fue Jesús cuando caminó entre los hombres; estaba justo en medio de ellos, pero separado de los pecadores y más alto que el cielo más alto. Dentro del Cuerpo de Cristo obra una energía constante procedente del Espíritu Santo que la convierte en un milagro perpetuo. Un cristiano no solo es alguien que ha creído. Un cristiano es alguien que ha creído con poder.

Un poder moral

La operación del poder es el poder moral. Tiene el poder de exponer el pecado al corazón del pecador. Nadie será salvo de verdad hasta que sepa que es pecador, y nadie sabrá que es pecador simplemente porque lo amenacemos, se lo advirtamos o se lo digamos. Puedes acercarte a una persona y decirle: "Eres pecador. Maldices y mientes, estás equivocado, eres malo". Sonreirá, meneará la cabeza y te dirá: "Sí, ya sé que no tengo que hacer esas cosas, pero supongo que todos somos humanos". No lo has convencido.

Puedes leer las obras de Plutarco, Herbert Spencer, Bertrand Russell y todos los otros libros sobre ética, y demostrarle que está muy equivocado, y aun así no sabrá qué significa ser un pecador perdido. Puedes amenazarlo diciendo que, si no tiene cuidado, que si no endereza sus caminos, lo sorprenderá una guerra nuclear o el terrorismo reinará en el mundo, y aun así no lo convencerás. No le has dicho nada que no supiera. "Y cuando él venga, [el Espíritu Santo] convencerá al mundo de pecado, de justicia y de juicio" (Jn. 16:8).

Cuando Pedro predicó en Pentecostés, las Escrituras dicen que: "Al oír esto, se compungieron de corazón, y dijeron a Pedro y a los otros apóstoles: Varones hermanos, ¿qué haremos?" (Hch. 2:37). El verbo "atravesar", según la traducción de Weymouth de la frase "sintieron su corazón atravesado", es una palabra más fuerte y profunda que el verbo "compungir", porque los romanos atravesaron el costado de Jesús con una lanza. Las palabras de Pedro guiado por el Espíritu Santo, el profeta y apóstol recién bautizado, penetraron como una lanza con mayor profundidad que la que había atravesado el corazón de Jesús en la cruz. Y de ese costado brotó sangre y agua.

El Espíritu Santo no es algo sobre lo que podamos discutir o alguien de quien podamos decir: "Tú cree lo que quieras y yo haré lo mismo". El Espíritu Santo es una necesidad absoluta en la Iglesia. Me entristezco en el Espíritu Santo porque Él tiene el poder de revelar el pecado, revolucionar, convertir y crear hombres y mujeres santos, y nada más podrá hacerlo. Las palabras no lo conseguirán. Las instrucciones, tampoco. Una línea tras otra, un precepto tras otro, no lo conseguirán; hace falta el poder de Dios.

Un poder persuasivo

La operación del poder también es un poder persuasivo para derribar toda resistencia. Esta es la esencia del evangelismo. No son argumentos. No está en apelar a la baja condición humana. Ni siquiera hay que apelar al intelecto humano. Más bien se trata del poder de persuasión que trasciende la capacidad de todo hombre. Es el Espíritu Santo que convence a la persona, en lo más hondo del corazón, de que estas cosas son ciertas. Un argumento nunca puede llegar tan hondo. El razonamiento, tampoco. Solo puede hacerlo el Espíritu Santo.

Un poder que induce a la adoración

Además, la operación del poder también es el poder de crear reverencia y fomentar el éxtasis en la verdadera adoración.

Si yo dispusiera estatuas alrededor de nosotros, encendiera velas, pusiera objetos de cristal tallados en Italia, vidrieras de colores, imágenes de pastores y altares, y me presentara envuelto en una túnica negra, te invadiría una sensación de reverencia. Sin embargo, aunque me gustan las vidrieras de colores, no son ellas las que crean esa reverencia. Los símbolos tampoco lo hacen. La reverencia es ese temor maravillado que invade el corazón humano cuando ve a Dios. Esto es lo que puede hacer el Espíritu Santo por medio de la Palabra, y nadie más puede hacerlo. Puedo imitar las letanías todo lo que quiera, podemos intentar adaptarnos, ser religiosos y eclesiásticos en grado sumo, pero, una vez ha acabado todo, la sensación que nos invade es, como mucho, psicológica o estética.

En 1 Corintios 14:24-25, Pablo afirma que cuando un pecador entra en una iglesia y el Espíritu Santo desciende sobre ella, el pecador se postrará sobre su rostro y dirá: "Verdaderamente Dios está entre vosotros" (1 Co. 14:25). De manera que existe un poder que induce a la reverencia, que fomenta el éxtasis, que trae la adoración que se encuentra en la Palabra cuando se transmite con poder, y el poder del Espíritu Santo es un poder magnético que nos acerca a Cristo, y lo exaltará por encima de todas las cosas.

Debemos exigir más que una doctrina correcta, aunque no nos atrevamos a pedir menos. Debemos tener algo más que una vida recta, aunque esta es totalmente necesaria. Debemos exigir más que un ambiente agradable, aunque no nos contentemos con menos. Debemos exigir que se predique la Palabra de Dios con poder, y que la oigamos con poder.

En 1 Tesalonicenses 1:4-5, Pablo escribió: "Porque conocemos, hermanos amados de Dios, vuestra elección [y así es como la conocemos]; pues nuestro evangelio no llegó a vosotros en palabras solamente, sino también en poder, en el Espíritu Santo y en plena certidumbre". Es decir, Pablo no solo tenía el poder, sino que el evangelio podía operar con poder porque ellos lo escuchaban con poder. Por consiguiente, cuando el Espíritu de Dios se mueve por medio de la Palabra predicada y escuchada con poder, se cumplen los objetivos de Dios; los hombres son santificados y los pecados perdonados, y se lleva a cabo la obra de la redención.

¿Cómo podemos conseguir esto? La manera tradicional es la oración, la fe y la entrega, y no conozco otra. Ora y, mientras oras, entrégate; y mientras te entregas, cree. Esto es algo que debemos hacer todos. El pueblo de Dios tiene todo el derecho en las Escrituras para exigir que escuchen la Palabra con poder; y, si no la escuchan con poder, tienen derecho a levantarse y preguntar por qué. Si lo único que oyes es enseñanza e instrucción, si en ellas no ves evidencias de Dios y el predicador no puede decirte por qué, apelo a Dios para que nos diga si esto es verdadero o no. Tienes derecho a exigir que venga otra persona capaz de transmitir la Palabra con poder.

Por otro lado, todo hombre que se levanta para predicar tiene el derecho a esperar que los oyentes crean en poder y que estén tan cerca de Dios, tan entregados, tan llenos de fe y tan asiduos en la oración, que la Palabra de Dios pueda obrar en poder. ¿No creeremos en Dios para este tipo de iglesia? Pues el reino de Dios no consiste en palabras; el reino de Dios consiste en poder.

Confiemos en Dios para recibir la doctrina correcta: no nos atrevamos a tener menos, sino que debemos tener más. ¿La vida correcta? No osemos tener menos, sino que debemos tener más. Seamos una iglesia agradable, pero tengamos cuidado de no ser solamente... una iglesia agradable. Es sorprendente cómo la atmósfera social-religiosa o religioso-social puede invadir una iglesia hasta el punto en que es difícil decir qué proviene del Espíritu Santo y qué no es otra cosa que una serie de contactos sociales agradables.

Creo que ambas cosas deben estar ahí, y creo que pueden estarlo. Creo que cuando la iglesia primitiva se reunía y partía el pan, cumplía tanto su comunión espiritual como su comunión social. Por lo tanto, no hay motivo para que ambas no se unan. No hay motivo por el que la cordialidad cálida de la comunión social no pueda volverse incandescente, gracias a la habitación del Espíritu Santo. Y esto será de tal forma que cuando nos reunamos, nos estrechemos la mano, cantemos, oremos y charlemos, tengamos una comunión social más la unión y la comunión poderosas del Espíritu Santo.

Procuremos que sucedan ambas cosas. Intentar destruir o evitar el contacto y la comunión sociales supone entristecer al Espíritu, porque Él nos hizo los unos para los otros, y quiso que la comunión social y la amistad fueran juntas.

Quiso que partiésemos el pan, no solo formalmente en la iglesia, sino también entre una reunión y otra. Quiso que nos conociéramos por nuestros nombres de pila y disfrutáramos de nuestra comunión social. Las iglesias que han intentado destruir esto solo han conseguido convertirse en un tipo de iglesia descentrado y fanático. Por lo tanto, tengamos cuidado de no confundir una cosa con otra.

Tengamos una iglesia amistosa. Tengamos una iglesia moralmente recta. Tengamos una iglesia donde se enseñe la doctrina verdadera. Pero tengamos también una iglesia en la que cualquiera de sus miembros pueda decir: "pues nuestro evangelio no llegó a vosotros en palabras solamente, sino también en poder, en el Espíritu Santo y en plena certidumbre, como bien sabéis cuáles fuimos entre vosotros por amor de vosotros" (1 Ts. 1:5).

Esto tiene una gran importancia, porque el reino de Dios no consiste en palabras, sino en poder.

Parte tú el pan de vida
Mary A. Lathbury (1841-1913)

Parte tú el pan de vida, Jesucristo, para mí
como partiste los panes junto a aquel mar, allí;

más allá de santas páginas yo te busco, mi Señor;
y mi espíritu te anhela, ¡oh, tú el Verbo, Salvador!

Bendice la verdad, Señor amado, para mí,
como aquel pan bendijiste, en Galilea así;
y ya no habrá más cadenas, los grilletes caerán,
y hallaré por fin mi paz, gloriosa y celestial.

Tú eres el pan de vida, Señor, para mí,
y tu santa Palabra la verdad que creí;
dámela de comer y viviré en las alturas,
enséñame a amarla, fuente de amor más pura.

Envía tu Espíritu, Señor, a mí,
que toque Él mis ojos y me haga verte a ti:
muéstrame la verdad oculta en tu Palabra,
y en sus páginas revela tu gloria bienamada.

16

PREPARÉMONOS PARA LIBRAR LA BUENA BATALLA

*Velad y orad, para que no entréis en tentación; el espíritu
a la verdad está dispuesto, pero la carne es débil.*
MATEO 26:41

Aquella noche en el huerto, el Señor Jesucristo estaba a punto de ser traicionado en manos de pecadores. Estaba a punto de ofrecer su alma santa y experimentar cómo sobre aquella alma se derramaba la putrefacción acumulada y la suciedad moral de toda la raza humana. La llevaría al madero y moriría en agonía cruenta. Creo que no puede haber duda de que esta es la plasmación del suceso más crítico en toda la historia del mundo. Estuvo rodeado y tuvo en sí mismo más relevancia histórica, un mayor peso humano de bienestar y de adversidad, que cualquier otro evento o serie de eventos en la historia de la humanidad.

Solo el más interesado vitalmente anticipó esta crisis y se preparó para ella. Por supuesto, ese hombre fue Jesús, y tomó medidas para ella mediante la preparación más eficaz conocida en los cielos o en la Tierra: la oración. Nuestro Señor oró en el huerto.

No compadezcamos a nuestro Señor, como algunos se inclinan a hacer, sino agradezcámosle que previera la crisis y acudiese al lugar de poder y a la fuente de energía, disponiéndose para aquel suceso. Gracias a que lo hizo, superó triunfante la crisis cósmica que tenía por delante. Digo "crisis cósmica" porque tuvo que ver con algo más que con este mundo; tuvo que ver con más que la raza humana; tuvo que ver con todo el cosmos, todo el ancho universo.

El Señor moría para que todas las cosas se reunieran en Él; para que los cielos, no solo la Tierra, fueran purgados, y para que se establecieran nuevos cielos y nueva Tierra que nunca pasarán. Todo esto descansó sobre los hombros del Hijo de Dios aquella noche en el huerto. Se preparó para ese evento cósmico de la forma más efectiva conocida bajo el sol, que es acudiendo a Dios en oración.

Por contrapartida, estaban sus discípulos. Se acercaron a la crisis sin anticipación; en parte porque no lo sabían, en parte porque les daba igual, en parte porque eran demasiado poco espirituales para que les interesara, y en parte porque tenían sueño. De modo que, indiferentemente, sin orar y medio dormidos, permitieron que la rueda del tiempo los llevara hasta una crisis tan vital, tan importante, tan portentosa que en este mundo nunca ha pasado nada igual y no volverá a pasar.

Quedaron paralizados en un letargo espiritual, y no fueron conscientes de la importancia de aquella hora. No anticipaban ninguna crisis y, por consiguiente, estaban totalmente faltos de preparación para ella. El resultado de su incapacidad de previsión fue que uno traicionó al Señor, y los demás no lo defendieron, sino que huyeron. Entonces Cristo les dio estas palabras, como una especie de pequeño diamante engastado en un gran anillo. Les dijo: "Velad y orad, para que no entréis en tentación; el espíritu a la verdad está dispuesto, pero la carne es débil" (Mt. 26:41).

Quiero señalar que esta oración que hizo Jesús aquella noche en el huerto era anticipatoria; es decir, que oró anticipando algo.

Sabía que había venido en la voluntad de Dios, y se preparó para ella. Quiero subrayar y hacer un llamado a tu conciencia para que practiques la oración anticipatoria, porque las batallas se pierden antes de que las libremos.

Las batallas se pierden antes de librarlas

Las batallas *siempre* se pierden antes de librarlas. Puedes escribir esta frase en tu corazón o en tu memoria, y la historia del mundo y la biografía la ratificarán. Le sucedió a Francia en la Segunda Guerra Mundial.

Durante la Primera Guerra Mundial, el lema de Francia estremeció al mundo: "¡No pasarán!". Y no pasaron. Francia, con su poderío, se levantó e hizo frente a las hordas del Káiser. Pero solo 25 años después llegaron las hordas de Hitler, y Francia se rindió casi sin disparar un solo tiro. Hasta hoy, nadie sabe por qué.

¿Por qué perdieron la batalla? ¿Por qué se rindió Francia? Se rindió porque entre su mejor momento, cuando clamó "¡No pasarán!", y su rendición ignominiosa, había padecido una decadencia política, moral y espiritual, como un árbol viejo podrido por dentro. Cuando llegaron los tanques de Hitler arrasándolo todo, Francia cayó para no volver a levantarse. En su política y en su vida social aún manifiesta el mismo espíritu que la llevó a perder la Segunda Guerra Mundial.

Esto también es cierto al hablar de los luchadores profesionales. Se dice que los luchadores dejan sus victorias en el club nocturno. Un hombre, para estar en su cenit como luchador, debe cuidarse. Algunos luchadores, después de obtener el éxito en el mundo y volverse populares, empiezan a ir a clubes nocturnos, a beber, a trasnochar y a pasarse el día sin hacer nada.

Entonces llega la hora del siguiente combate. Aunque intentan desesperadamente prepararse mediante lo que consideran un entrenamiento, los clubes les han arrebatado demasiado. Así que suben al ring y los noquean en el quinto asalto, y la gente dice: "¿Cómo es que ese luchador tan fuerte se ha venido abajo ante un hombre que ni siquiera es conocido y que nadie suponía que fuera tan bueno?".

Perdió el combate antes de subir al ring, no cuando el juez contó hasta diez mientras él estaba tumbado en la lona boca abajo. Bebió, trasnochó y se pasó media noche o la noche entera bailando. Dejó su victoria en el club nocturno.

La batalla en el nivel superior

A Israel le pasó lo mismo. En el Antiguo Testamento, cuando los israelitas acudían a una batalla siendo justos y orando, nunca la perdían. Cuando acudían llenos de iniquidad y sin orar, no ganaban ni una. Israel siempre perdió la batalla cuando adoraba al becerro de oro o se sentaba a comer y a dormir, o se levantaba a jugar, o cuando sus miembros se casaban con extranjeros, u olvidaba el altar de Jehová y levantaba un altar pagano debajo de algún árbol. Fue en esos momentos cuando Israel perdió sus batallas. Fue por una falta de anticipación; perdió antes de la batalla.

David

Las batallas no solo se pierden antes de librarlas, sino que también se ganan antes de que empiecen. Tomemos como ejemplo a David y a Goliat. El pequeño David, con sus mejillas coloradas, se enfrentó y mató a aquel gigante poderoso, rugiente, jactancioso, que medía tres metros y tenía una espada como el rodillo de un telar. David, un mozalbete, salió y con una sola piedra derribó a Goliat y, con su propia gran espada, que David apenas podía levantar, le cortó la cabeza, llevándola agarrada por el cabello y exponiéndola ante un Israel clamoroso y triunfante.

¿Cuándo ganó David esa batalla? ¿Fue cuando salió en

silencio a enfrentarse al gran gigante jactancioso? No. Si lo hubiera intentado algún otro, las palabras de Goliat se hubieran cumplido: "Daré tu carne a las aves del cielo y a las bestias del campo" (1 S. 17:44). En otras circunstancias, hubiera hecho precisamente eso.

David era un joven que conocía a Dios, había matado leones y osos, y había cuidado de sus ovejas como un trabajo encomendado por el propio Todopoderoso. Había orado y meditado, había dormido bajo las estrellas de noche y había hablado con Dios, y había descubierto que cuando Dios envía a un hombre este puede vencer a cualquier enemigo, por muy fuerte que sea aquel. De modo que David no venció aquella mañana cuando estaba en la llanura entre las dos colinas; todo se remontaba a los años de su infancia, cuando su madre le enseñó a orar y aprendió a conocer a Dios por sí mismo.

Jacob

Después de veinte años sin verse, Jacob iba a encontrarse con su hermano que estaba furioso y había amenazado con matarlo. Había huido para que Esaú no pudiera acabar con él después de haberle arrebatado el derecho de primogenitura, y ahora Jacob volvía. El Señor le reveló que al día siguiente se encontrarían en la llanura al otro lado del río Jaboc.

Al día siguiente se encontraron en la llanura y se arrojaron el uno en brazos del otro. Esaú perdonó a Jacob, y Jacob conquistó la ira y el deseo asesino de su hermano. ¿Cuándo lo hizo? ¿Sería aquella mañana cuando se acercó a reunirse con su hermano cruzando el río? No, lo hizo la noche antes, cuando peleó a solas con su Dios. Fue entonces cuando se preparó para conquistar a Esaú, aquel hombre fornido, serio, peludo, que había prometido que mataría a Jacob cuando lo encontrase. ¿Como pudo Esaú renunciar a ese juramento? El Dios Todopoderoso se lo quitó del corazón cuando Jacob luchó a solas con Él junto al río. Siempre es así. Jacob venció a Esaú no cuando se reunieron, sino la noche antes de hacerlo.

Elías

Elías derrotó a los malvados Acab, Jezabel y a todos los profetas de Baal, y trajo la victoria y el avivamiento a Israel. ¿Cuándo lo hizo? ¿El día del monte Carmelo? Después de que los seguidores de Baal hubieran orado todo el día, saltando sobre el altar y cortándose hasta estar cubiertos de sangre, Elías se acercó a las seis de la tarde, la hora del sacrificio vespertino. Hizo una breve oración. ¿Fue una oración que le ocupó veinte minutos, como a veces hacemos en la reunión de oración, impidiendo que otros participen? No, fue una oración concisa, breve, de exactamente 59 palabras en español. Imagino que en hebreo fueron incluso menos.

¿Fue la oración de Elías la que hizo descender fuego? Sí y no. Sí, porque, de no haberla hecho, no habría descendido el fuego. No, porque, si Elías no hubiese conocido a Dios con el paso de los años y no hubiera caminado en su presencia durante los largos días, meses y años anteriores al monte Carmelo, esa oración se hubiera hundido por su propio peso y los profetas hubieran hecho pedazos a Elías. Por lo tanto, Baal no fue derrotado en el monte Carmelo; fue en el monte Galaad. Recuerda que Elías provenía de Galaad.

Siempre siento que soy mejor persona por leer este relato sobre cómo aquel gran hombre, desaliñado y velludo, vestido con las ropas sencillas de los campesinos, se presentó ante el rey osadamente, mirando al frente y sin las maneras refinadas de la corte o sin ningún conocimiento de cómo hablar o qué hacer. Entró pisando firme, oliendo a monte y campo, y se plantó delante del cobarde Acab, dominado por su mujer, y le dijo: "Soy Elías. Vengo de parte de Jehová, y he venido a decirte que no lloverá hasta que yo lo diga". Fue un momento dramático, terrible y maravilloso; pero antes de este momento estaban todos aquellos años de permanencia en la presencia de Jehová. No sabía que Dios lo iba a enviar a la corte de Acab, pero anticipó el momento por medio de largas oraciones, esperando y meditando en la presencia de su Dios.

La preparación para las crisis

Hay crisis que nos aguardan ahí fuera, como la crisis a la que se enfrentaron Jesús y sus discípulos, y David, Israel, Daniel, Elías y todos los demás. Y hay crisis que nos esperan. Quiero mencionar brevemente algunas de ellas.

Cuando nos enfrentemos a problemas graves

La historia de la raza humana demuestra que todos tendremos problemas en algún momento. Cuando se presenta un problema grave, con su aguijón impactante y debilitador, algunos cristianos se enfrentan a él sin estar preparados y, como es lógico, se vienen abajo. ¿Es el problema el que produce su colapso? Sí y no. El problema los hace hundirse porque, de no haberse presentado, no habrían sucumbido. Pero no es el problema lo que los hace flaquear, porque si lo hubieran anticipado y se hubiesen preparado, no habrían mordido el polvo. Como dice Proverbios 24:10, el hombre que cae bajo el peso de sus problemas no tiene mucha fuerza. Su fortaleza es escasa porque ora poco y brevemente, pero el hombre que ora mucho y con intensidad no se hundirá cuando lleguen los problemas.

Cuando nos enfrentemos a la tentación

A menudo la tentación es inesperada y sutil. También es ambas cosas para la carne, pero la oración anticipatoria prepara el alma para cualquier tentación que se presente.

¿David cayó en su vergonzosa y trágica tentación con Betsabé el día que se paseó por la terraza? No, fue durante ese lapso dilatado de tiempo del que no sabemos nada y que según los historiadores medió entre una cosa y otra, y en el que no saben qué hizo David. Yo sé lo que David *no* hizo: no esperaba en su Dios. No miraba a las estrellas y decía "los cielos cuentan la gloria de Dios" (Sal. 19:1).

Sí, lo había hecho antes, pero ahora no lo hacía. David sucumbió porque todo el peso de las semanas anteriores a su tentación, ese tiempo desperdiciado, le cayó encima de golpe. La tentación no puede herirte si la has anticipado en oración; pero sin duda te hará caer si no lo has hecho.

Cuando nos ataque Satanás

Los ataques de Satanás raras veces se anticipan, porque Satán es demasiado listo como para actuar siempre igual. Si Satán estableciera un patrón de ataque, pronto lo aprenderíamos.

Si el diablo actuase de manera uniforme y sus ataques se produjeran siguiendo una pauta, la raza humana lo habría descubierto hace mucho tiempo. El miembro más pobre de una iglesia habría aprendido a eludirlo. Como actúa de una forma muy irregular y mezcla las cosas, sus ataques son letales si no contamos con el escudo de la fe para protegernos.

Un lanzador de béisbol no empieza a lanzar durante la primera entrada y lanza la pelota al mismo punto durante los nueve siguientes. Si lo hiciera, la puntuación sería de 128 a 0. ¿Qué hace? Mezcla los tiros. El bateador nunca sabe qué tipo de bola le van a lanzar. Primero arriba, luego abajo, luego dentro, luego fuera, luego baja, luego rápida, luego en el centro; varía los lanzamientos. Lo que hace que el lanzador sea eficaz es la ausencia de uniformidad.

¿Crees que el diablo no es tan listo como algunos de esos lanzadores de las Ligas Mayores? ¿Crees que el diablo no sabe que la manera de conquistar a un cristiano es engañándolo con la irregularidad? Su *modus operandi* es no atacar de la misma manera el mismo día, y seguir atacando desde un lado una vez, desde otro la próxima.

¿Crees que un boxeador se sube al ring siguiendo un estereotipo? Dirige con la izquierda, golpea con la derecha, retrocede dos pasos, avanza dos pasos. ¡Hasta el menos avezado en boxeo vencería a un boxeador así! Un boxeador tiene que usar la cabeza. Ataca desde un flanco, luego desde otro, se adelanta de repente, luego retrocede, da unos pasos atrás, vuelve a atacar, golpea con izquierda y derecha, hace una finta, se mueve cinco pasos, se agacha, se mueve de arriba abajo... Ya sabes cómo se mueven los boxeadores.

El diablo vendrá por ti hoy como un fiero toro de Basán, y mañana será manso como un cordero; al día siguiente no te molestará. Luego te acosará tres días seguidos, y luego te dejará en paz tres semanas. ¿Te acuerdas de lo que se dijo de Jesús después de las tres tentaciones? Que el diablo le dejó por un tiempo. ¿Por qué? Para inducir al Señor a bajar la guardia, por supuesto.

El diablo combate como un boxeador, lanza como un *pitcher* experto y usa todo tipo de estrategias. Por eso digo que es difícil prever sus actos; nunca sabes lo que hará a continuación. Siempre puedes precaverte, en general, sabiendo que el diablo siempre anda tras de ti; de modo que, por medio de la oración, la vigilancia y la espera en Dios, puedes estar listo para su llegada cuando venga. Puedes ganar no el día que llegue, sino el día antes. No el mediodía cuando te ataque, sino la mañana anterior a ese momento.

Nunca dejes que el día te sorprenda

La única manera de vencer siempre es pintar con la sangre del Cordero los postes de tu corazón. Conservar la nube y la columna de fuego sobre tu cabeza, como Jehová Dios condujo a los israelitas de día y de noche por el desierto. La única manera de vencer siempre es no quitarte tu equipo de combate y no permitir nunca que el día te sorprenda.

Nunca te levantes tarde por la mañana, mires el reloj y digas: "Se me hizo tarde, ahora no tengo tiempo", y salgas corriendo. Si tienes que salir corriendo, llévate un Nuevo Testamento. En lugar de leer una revista o un diario durante tu pausa o a la hora de almorzar, lee tu Nuevo Testamento, y luego inclina la cabeza y habla con Dios. En lugar de no orar en absoluto, busca momentos breves. Como escribió el obispo Ralph Cushman (1879-1960) en "Acudí a Dios por la mañana":

Acudí a Dios por la mañana,
cuando el día era más hermoso,
y su presencia fue como la aurora,
como una gloria que nació en mi pecho.

Su presencia me cubrió todo ese día,
y todo el día permaneció a mi lado,
y navegamos en calma perfecta
sobre un mar turbulento y agitado.

Otros barcos, golpeados, destruidos,
otros barcos navegaban muy cuitados,
mas los vientos que parecían impulsarlos
a mí paz y reposo me traían.

Pensé entonces en otras mañanas
con una intensa contrición lo hice,
cuando osado solté también amarras
dejando la Presencia a mi espaldas.

Me parece que conozco ya el secreto
aprendido en las luchas de esta vida:

debes buscar a Dios por la mañana
si quieres que te acompañe todo el día.

Nunca permitas que el jueves te hunda porque no oraste el miércoles. No dejes que el martes pueda contigo porque pasaste el lunes sin orar. Nunca dejes que las tres de la tarde te puedan porque no oraste a las siete de la mañana. Tengo cuatro recomendaciones para ayudarte a valorar la necesidad y el poder de la oración, y para mantenerte siempre a flote, traiga lo que traiga el día.

Nunca actúes como si todo fuera bien

Si el diablo te deja en paz un tiempo, no tienes muchos problemas y vives razonablemente feliz y espiritual, es probable que desarrolles un complejo que dice: "Las cosas van bien", y olvides tu vida de oración. Recuerda: mientras el pecado y el diablo, la enfermedad y la muerte acampen a sus anchas por la Tierra, como un fuego, como una plaga, las cosas no irán bien. No vives en un mundo sano ni saludable, un mundo que te ayude, un mundo dispuesto a mantener tu salud espiritual. Este mundo vil no es amigo de la gracia que nos conduce a Dios: es lo contrario. En lugar de dar por hecho que las cosas van bien, asume que siempre van mal, y luego prepárate en oración para ellas y anticípalas, da igual la dirección de la que vengan.

Nunca confíes en el diablo

No te fíes del diablo y digas: "Las cosas van bien, y ahora no necesito orar. El tema este del diablo es muy exagerado, y hoy no voy a orar. Esperaré al miércoles".

No puedes fiarte del diablo, porque todos los gobiernos tiránicos y genocidas de este mundo, pasados y presentes, aprenden de él sus técnicas y su psicología. *Nunca* debemos fiarnos del diablo. Nunca imagines que sonríe; nunca contemples una imagen que haya hecho de él Paul Gustave Doré, o algún otro artista, y digas: "¡Ah, pero si este diablo no tiene mala pinta! A lo mejor todo esto es como lo de Santa Claus y Jack Frost, pura imaginación".

Anticipa siempre cualquier ataque posible mediante la vigilancia y la oración; porque el espíritu está dispuesto, pero la carne es terriblemente débil.

Nunca te confíes demasiado

Muchos hombres han perdido un combate por confiarse demasiado. Muchos empresarios han perdido su negocio por el mismo motivo. La confianza en nosotros mismos aparta nuestra atención de Cristo centrándola en nosotros y en nuestras capacidades, que se quedan cortas frente a las del diablo. Nuestra confianza debe estar siempre en Cristo y en sus fuerzas. Cuando pensamos que solos podemos hacer algo, casi siempre acabamos fracasando miserablemente.

Un diablo astuto es aquel que alimenta la confianza de una persona en sí misma. El diablo está dispuesto a dar crédito al "yo" mientras consiga su objetivo.

Nunca subestimes el poder de la oración

"Velad y orad", dijo Jesús, y lo practicó; venció porque practicó la oración y atrapó el mundo descontrolado que el pecado había sacado de sus engranajes, lo atrapó con la red de su propio amor y nos redimió mediante el derramamiento de su sangre. Lo hizo porque se había preparado para ese suceso terrible pero glorioso, orando la noche antes, y orando en los montes en otros momentos, y también durante los años de su infancia y juventud.

Recuerda que sin oración no puedes ganar; con ella, no puedes perder. Por supuesto, es cierto que debe ser una oración auténtica, no una mera colección de palabras, y que tu vida debe estar en consonancia con tu oración. Si no oras, no puedes ganar. Porque el Señor nos dio el ejemplo de la oración anticipadora: prepararse para cualquier cosa buscando el rostro de Dios con una oración vigilante y regular.

¿Soy yo soldado de la cruz?
Isaac Watts (1674-1748)

¿Soy yo soldado de la cruz,
y siervo del Señor?
no temeré llevar su cruz,
sufriendo por su amor.

Coro:
Después de la batalla nos coronará,
Dios nos coronará, Dios nos coronará.
Después de la batalla nos coronará,
en aquella santa Sion:
más allá, más allá, en aquella santa Sion
después de la batalla nos coronará
en aquella santa Sion.

Lucharon otros por la fe,
¿cobarde habré de ser?
por mi Señor yo pelearé,
confiando en su poder

Es menester que sea fiel,
que nunca vuelva atrás;
que siga siempre en pos de Él,
y me guiará en paz.

(Trad. E. Turrall)

17

VIVAMOS COMO CRISTIANOS CON PROPÓSITO

Puestos los ojos en Jesús, el autor y consumador de la fe, el cual por el gozo puesto delante de él sufrió la cruz, menospreciando el oprobio, y se sentó a la diestra del trono de Dios.

HEBREOS 12:2

El gran elemento disuasorio de la vida cristiana victoriosa es la idea de que, una vez aceptamos a Jesucristo como Salvador y creemos que Juan 3:16 nos dice todo lo que necesitamos saber, nuestra vida se coloca en piloto automático y podemos sentarnos cómodos y disfrutar del viaje. Esto es fuente de una gran desilusión que conduce al desánimo en la vida cristiana.

En la experiencia cristiana no existe el piloto automático; cada paso es una operación de fe a la que el enemigo de nuestras almas se opondrá ferozmente. Este tipo de pensamiento en piloto automático conduce al letargo espiritual. Escapar de la tiranía del letargo espiritual, sea cual fuere el costo, debería ser la prioridad número uno de todo cristiano.

He intentado establecer algunas pautas al abordar los diversos aspectos del letargo espiritual, que es el principal problema entre los evangélicos modernos y lleva a diversas consecuencias nocivas. Déjame concluir este estudio con algunos consejos que animen a quienes deseen escapar de esta esclavitud espiritual y solazarse bajo la luz encantadora de la gloria y el propósito que nos da Dios.

Empieza con tus defectos

Lo primero es reconocer el peligro del letargo espiritual. Si no sabes que algo es peligroso, no te mantendrás alejado de ello, ni vas a hacer nada por evitarlo. Tu actitud será de descuido e indiferencia, que es la fórmula perfecta para padecer el letargo espiritual.

Asegúrate de empezar por ti mismo. A muchos les resulta fácil ver este problema en otros. De hecho, la mayoría de cristianos es muy ingeniosa para detectar estos problemas en otras personas, mientras al mismo tiempo son totalmente ignorantes del estado de su propia vida. Nos hemos vuelto expertos en los defectos de otros, pero ignorantes de nuestra posición delante de Dios. Jesús acusó de esto mismo a los líderes religiosos de su tiempo:

> ¿Por qué miras la paja que está en el ojo de tu hermano, y no echas de ver la viga que está en tu propio ojo? ¿O cómo puedes decir a tu hermano: Hermano, déjame sacar la paja que está en tu ojo, no mirando tú la viga que está en el ojo tuyo? Hipócrita, saca primero la viga de tu propio ojo, y entonces verás bien para sacar la paja que está en el ojo de tu hermano (Lc. 6:41-42).

Es importante que todos reconozcamos estos síntomas en nuestra propia vida y luego, solemnemente, prometamos hacer algo al respecto. Un buen lema que he encontrado sobre este tema es: *Sé suave con otros y duro contigo*. Con demasiada frecuencia somos culpables de aceptar en nosotros mismos lo que condenamos con vehemencia en otros. En este sentido, descansa en la fidelidad del Espíritu Santo para abordar el problema, y luego permítele ser todo lo exhaustivo que sea necesario en tu vida. Dios te ama demasiado como para permitir que se perpetúe esta situación problemática.

El Espíritu Santo es fiel cuando manifiesta tu estado espiritual. Tú tienes la responsabilidad de escucharlo, continuar con su obra y prometer solemnemente romper ese letargo a toda costa. Recuerda lo que dijo Salomón al respecto: "Cuando a Dios haces promesa, no tardes en cumplirla; porque él no se complace en los insensatos. Cumple lo que prometes" (Ec. 5:4).

Lady Julian de Norwich (c. 1342 – c. 1416) fue, de entre todas las personas cuyas obras he leído, la mejor que entendió esto. Escribió: "Oh, Dios, te ruego que me des tres heridas: la herida de la contrición, la de la compasión y la del anhelo de ti". Entonces añadió un pequeño corolario, que creo que es una de las cosas más hermosas que he leído jamás: "Te lo pido sin condiciones, Padre; haz lo que pido y envíame la factura. El precio que impongas me parecerá bien".

Nosotros los evangélicos queremos que Dios haga todo el trabajo y podamos ir a la gloria como de paseo. Sin duda que Cristo ha pagado el precio completo por nuestra redención, pero caminar con Dios diariamente nos costará mucho. ¿Estamos dispuestos a pagar ese precio con alegría?

No olvidemos reunirnos

Lo que obstaculiza este proceso es nuestra relación con una comunidad cristiana. Creo que todo el mundo debería estar vinculado a una comunidad cristiana, pero nunca deberíamos permitir que esta dicte nuestro crecimiento espiritual. A los estadounidenses nos cuesta entender que el cristianismo no es una democracia. La esencia de nuestro caminar cristiano es nuestra entrega completa a Jesucristo y a nadie más. Hay momentos en los que para seguir la guía del Espíritu Santo en nuestra vida hemos de caminar solos, lo cual contradice nuestra inclinación natural. A veces debemos apartarnos de la multitud, incluso de la multitud cristiana.

Cuando el Espíritu Santo empieza a moverse en nuestra vida, creemos que podemos cambiar la comunidad cristiana. Como siempre, nos sale el tiro por la culata, permitiendo que sea la comunidad la que nos cambie y fije nuestros estándares. La psicología de las masas a veces influye hasta en la comunidad cristiana, lo cual podría explicar todas las iglesias muertas que hay hoy en día en nuestro país.

No puedes cambiar la comunidad, algo que está más allá de toda posibilidad, pero puedes cambiarte a ti mismo. O, más bien, puedes dejar que el Espíritu Santo te cambie, un cambio que tiene lugar en lo más íntimo de tu vida. Entonces, ese cambio interno empezará a afectar lentamente lo exterior.

El tipo correcto de cambio puede afectar a todos los que te rodean. Este despertar espiritual no depende de la comunidad, pero puede afectarla drásticamente. El cambio en tu vida puede afectar el cambio en la comunidad. Como un fuego que empieza siendo pequeño puede encender todo lo que está alrededor, el fuego del despertar espiritual en nuestro interior puede fluir por nosotros y tocar a todos quienes nos rodean, cambiando en realidad nuestra comunidad.

Una vida intencionada y con propósito

A esta influencia la llamo "la vida cristiana intencionada". Con esto quiero decir que vivimos intencionadamente las pautas y los mandamientos de las Escrituras. El letargo espiritual da como resultado un estilo de vida cristiano que es desordenado y perezoso; nuestro compromiso como cristianos es vivir una vida que tome como ejemplo a Cristo. No debemos parecernos a otras personas ni actuar como ellas, sino como Cristo. Debemos actuar como Cristo. Debemos hacer las cosas que haría Cristo con el poder y la manifestación del Espíritu Santo.

La vida cristiana intencionada la capacita el Espíritu Santo y nos induce a un estilo de vida contrario a todo lo que hay en nuestra cultura. Como enseñaba una generación anterior, somos un pueblo separado; estamos separados del mundo para Dios. Para mantener un estilo de vida cristiano intencionado son necesarias varias cosas.

Fe

La fe no es una fórmula mágica o un ritual, sino el resultado de un compromiso coherente y sacrificado con la lectura de la Biblia y la oración. Demasiados se contentan con un versículo diario para mantener alejado al diablo. Esto es un absurdo supersticioso, y hemos de rechazarlo a toda costa. Nada podrá sustituir nunca la lectura sencilla de la Palabra de Dios, si es posible de rodillas. Por supuesto, los calendarios con pasajes bíblicos son importantes y sin duda tienen su utilidad. Hay momentos en mi lectura bíblica cuando un versículo o una palabra monopoliza mi tiempo y me cautiva, impidiéndome pasar a otro versículo. En momentos como este es cuando necesito dejar a un lado todos los esquemas y esperar pacientemente en el Espíritu de Dios mientras me hace meditar en ese pasaje y me lleva a la dulce comunión con Él.

Hoy día se habla mucho de que la fe no es el centro de las Escrituras. Debemos rechazar todos los caminos contrarios a las Escrituras. La fe no es la clave para obtener lo que quieres. La fe no es una fórmula mágica que, la use quien la use, salvo o no, obliga a Dios a actuar. Esto es una locura religiosa, y roza en la brujería. Creo firmemente que la fe verdadera nace en el alma del hombre o de la mujer que se postra sobre su rostro ante una Biblia abierta y permite que Dios sea Dios en su vida.

La obediencia y la entrega

Otro aspecto de la vida cristiana intencionada es la obediencia. Estoy seguro de que aquí es donde fallan muchos. Para obedecer plenamente, debes escuchar claramente la voz de Dios. Una vez más, esto se enraíza en mi relación con la Palabra de Dios. Abraham, en la antigüedad, escuchó con claridad a Dios y pudo obedecerle plenamente. Si queremos vivir una vida de obediencia, debemos tener "oídos para oír".

Junto con este tema de la obediencia tenemos el de la entrega. La entrega es un acto claro de obediencia a la Palabra de Dios. Cuando hablo de entrega, hablo de la idea de entregar absoluta y completamente mi vida a Dios, conlleve lo que conlleve, sin condiciones. Algunos estarían dispuestos a dar a Dios hasta el 99 por ciento de sus vidas, pero querrían conservar el 1 por ciento restante. O Dios es Señor de todo, o no es Señor de nada. O bien hemos entregado el 100 por cien de nuestras vidas a Dios, o no hemos hecho nada aceptable para Él. Nuestro Padre no aceptará una entrega parcial.

La pureza

Un aspecto importante de la vida cristiana intencionada es la pureza. Esta pureza es la ausencia de aditivos. La iglesia evangélica se ha vuelto muy ingeniosa en este campo de los aditivos. Hemos encumbrado hasta tal punto la vida cristiana que el cristiano medio está lastrado con tantas cargas religiosas que nunca llega a vivir la vida que Cristo diseñó para él. La pureza de vida es una vida libre de aditivos. La vida cristiana intencionada no se ve diluida por elementos culturales o religiosos. La pureza de nuestra vida es, simplemente, la autoridad del propio Señor Jesús. No es aceptable ningún otro grado de pureza. Cuando vivo intencionadamente la vida cristiana, me concentro en su pureza, y Él vive su vida por medio de mí, sin el lastre de otras cosas o intereses.

A primera vista, esto parece algo totalmente imposible de conseguir. Y, francamente, en la carne es imposible. Cuanto más intento vivir la vida cristiana, más atascado me veo en los obstáculos exteriores. Cuando aparto tales cosas y me niego a que me afecten o me influyan, permito que Dios obre por medio de mí conforme a sus planes y a su propósito. El apóstol Pablo lo expresó así: "Con Cristo estoy juntamente crucificado, y ya no vivo yo, mas vive Cristo en mí; y lo que ahora vivo en la carne, lo vivo en la fe del Hijo de Dios, el cual me amó y se entregó a sí mismo por mí" (Gá. 2:20). Ya no soy yo, sino Cristo en mí, la esperanza de gloria.

Disfrutemos del favor de Dios

Aquellos de nosotros que estamos plenamente comprometidos a vivir una vida cristiana intencionada disfrutamos de una gran ventaja. Esta ventaja es la opinión que Dios tiene de nosotros. Dios tiene en mente lo mejor para nosotros para el periodo de tiempo más dilatado.

Lo que Dios hace en tu vida y en la mía hoy no solo tiene consecuencias para el presente, sino para toda la eternidad. Cuando Jesucristo estaba en la cruz, nos tenía en mente. Las lágrimas que derramó en el Calvario fueron por nosotros.

El escritor de Hebreos hace referencia al hecho de que Jesús soportó la cruz por el gozo puesto delante de Él: "puestos los ojos en Jesús, el autor y consumador de la fe, el cual por el gozo puesto delante de él sufrió la cruz, menospreciando el oprobio, y se sentó a la diestra del trono de Dios" (He. 12:2). ¿Cuál era ese gozo? Que todos los que pusieran en Él su fe y su confianza, pasarían a ser parte de la Esposa de Cristo. El Señor siempre piensa en nosotros.

Dios desea llevar nuestras vidas a la luz plena de su favor. Esto supone que no nos sirvamos a nosotros mismos, ni complazcamos a otros o a nosotros, sino que nos entreguemos plenamente, con una entrega absoluta, a Dios por medio del Señor Jesucristo nuestro Salvador. El resultado final es vivir la vida cristiana intencionada.

No cedas a la tentación
Horatio Richmond Palmer (1834-1907)

No cedas a la tentación, pues ceder al pecado es vil;
cada victoria obrará para otra conquistar;
lucha valerosamente, somete pasiones mil,
y mira siempre a Jesús, quien siempre te ayudará.

Elude a los malos amigos, no uses lenguaje soez,
respeta el nombre de Dios y no lo tomes en vano;
sé reflexivo y honesto, cariñoso y siempre fiel;
y mira siempre a Jesús, quien te extenderá la mano.

Al que vence en la batalla Dios otorga una corona,
y por medio de la fe obtendremos la victoria,
aunque a menudo caemos;
nuestro Salvador podrá nuestras fuerzas renovar,
y mira siempre a Jesús, que nunca te ha de fallar.

Pide ayuda al Salvador,
que te cuide y te consuele,
porque anhela Él ayudarte,
y en sus brazos sostenerte.

Apunte biográfico de A. W. Tozer

Adaptado de *The Life of A. W. Tozer,* de James L. Snyder

Durante su vida, muchos consideraron a A. W. Tozer como un profeta del siglo xx. A diferencia de muchos otros líderes de la Iglesia en aquel momento, pudo discernir que el cristianismo moderno navegaba entre una espesa niebla y que, si seguía ese mismo rumbo, podría irse a pique. Su intuición espiritual le permitió detectar el error, señalarlo por lo que era y rechazarlo, todo en un solo acto decisivo. Con pocas frases podía desmontar los argumentos equivocados de otros.

Aiden Wilson Tozer nació el 21 de abril de 1897 en La Jose (hoy día Newburg), una comunidad de granjeros en las colinas al oeste de Pennsylvania. Su madre le puso ese nombre porque era el que llevaba el marido de una amiga de la infancia, que era tendero. A Tozer nunca le gustaron sus nombres, prefiriendo presentarse con las iniciales "A. W.". En momentos posteriores de su vida, prefirió solo "Tozer".

El abuelo de Tozer, Gilbert Tozer, emigró de Inglaterra a Estados Unidos a mediados del siglo xix, y se casó con la abuela de Tozer, Margaret Weaver, en 1850. La pareja tuvo ocho hijos (cuatro niños y cuatro niñas). Jacob Snyder Tozer, el padre de A. W. Tozer, nació en 1860. Se casó con Prudence Jackson, una joven de una ciudad cercana que sabía poco de la vida rural. Tuvieron seis hijos, de los cuales Aiden Wilson fue el tercero.

Tozer creció en una granja de la zona rural de Pennsylvania, y tuvo una educación limitada en Wood School, llamada así porque estaba rodeada de un bosque de pinos. Más adelante, durante su adolescencia, siguió un curso por correspondencia de dibujo de tiras cómicas. Aunque no acabó el curso, demostró considerable talento.

En 1912, Tozer y su familia se trasladaron a Akron, Ohio, una ciudad ajetreada y un centro productor de caucho situado en el campo. El primer trabajo de Tozer consistió en vender caramelos, cacahuetes y libros como "chico de los recados" de la compañía ferroviaria Vicksburg and Pacific Railroad. Sin embargo, como prefería sentarse a leer los libros que supuestamente debía vender, ganaba poco dinero. Al final encontró un empleo en Goodyear, donde debía cortar grandes trozos de caucho en bruto en trozos pequeños. Tozer trabajaba por la noche y, cuando hacía ese trabajo monótono con las manos, colocaba delante de él un libro de poesía y lo memorizaba mientras trabajaba.

En 1915, tres años después de llegar a Akron, un día que Tozer volvía a casa del trabajo vio a un hombre que hablaba a una multitud en la esquina de una calle. No podía oír lo que decía, así que cruzó la calle y se unió a la concurrencia. Al principio le pareció que las palabras de aquel hombre no tenían sentido (hablaba con un fuerte acento alemán), pero al final se dio cuenta de que aquel hombre estaba predicando. En determinado momento, el predicador dijo: "Si no sabes cómo ser salvo, simplemente clama a Dios diciendo 'Dios, sé propicio a mí, que soy pecador', y Dios te escuchará".

Las palabras se grabaron en el corazón de Tozer y despertaron en su ser una tremenda hambre de Dios. Cuando llegó a su casa subió al desván de la familia, para estar a solas y reflexionar sobre lo que había dicho el predicador. Cuando salió del cuarto era una nueva criatura en Cristo Jesús. Había empezado su seguimiento de Dios.

Aiden Tozer se casó con Ada Pfautz en la *Grace Methodist Episcopal Church*, el 26 de abril de 1918. Aunque hablaba un inglés poco refinado, preñado de coloquialismos propios de Pennsylvania, empezó a predicar por las calles de Akron una vez concluía su turno en la fábrica Goodyear. Aunque sus sermones no eran un modelo de gramática inglesa, empezaba su ministerio y obtenía así una valiosa experiencia.

En 1919, Robert J. Cunningham, pastor de la *Stonewood Christian and Missionary Alliance Church* en West Virginia, invitó a Tozer a ir a Clarksburg para asistir a una campaña evangelística de dos semanas. Al final de las dos semanas, la congregación pidió a Tozer que fuera pastor de su iglesia, cargo que aceptó. Este suceso marcó el principio de sus 44 años de afiliación a esa denominación. Permaneció dos años en Clarksburg y luego aceptó un puesto como pastor en una iglesia más grande en Morgantown, de la misma denominación.

Desde Morgantown, Tozer fue a la *East Side Chapel* de la *Christian and Missionary Alliance* en Toledo, Ohio, donde pastoreó hasta 1924. Siguió con sus prácticas evangelísticas dentro de su comunidad y aceptó invitaciones regulares para predicar en otras iglesias. En la denominación se estaban popularizando las conferencias *Summer Bible* y, a menudo, Tozer actuaba como evangelista para jóvenes en esos eventos. Fue en Morgantown donde Ada Tozer dio a luz a los tres primeros hijos del matrimonio: Lowell, Forrest Leigh y Aiden Wilson, Jr.

En diciembre de 1924, Tozer empezó un ministerio de cuatro años en una iglesia de la Alianza en Indianápolis, Indiana. Durante esta época desarrolló el ministerio del púlpito por el que luego sería conocido, y empezó a escribir para el informativo mensual de la iglesia, *The Light of Life*. En 1928, el Southside Gospel Tabernacle de Chicago, Illinois, envió varias cartas a Tozer pidiéndole que se planteara la posibilidad de ser su pastor. Sin embargo, la iglesia de Indianápolis prosperaba y la congregación lo apreciaba, de modo que Tozer se limitó a tirar las cartas a la papelera.

La congregación de Chicago insistió y siguió enviando cartas a Tozer. Al final, este aceptó visitar el Southside Tabernacle un domingo y predicar en la iglesia. Cuando le llegó el turno de hablar, se levantó de su silla y, sin las cortesías habituales (como la de "me alegro de estar aquí"), anunció el tema de su sermón: "La Abadía de Westminster de Dios". Tozer sacó su texto de Hebreos 11, y pronto los asistentes se sintieron cautivados por él.

Al final Tozer empezó a tomar en consideración la posibilidad de ser el pastor de Southside Tabernacle. En una reunión con la junta, dijo a los miembros que, si querían que trabajase en su iglesia, debían permitirle centrarse en preparar sus sermones del domingo. Esto suponía ciertas condiciones, como la de reducir las visitas a miembros de la congregación. Después de largas consideraciones y de ponerlo en oración, la junta aceptó las condiciones de Tozer y le formuló un llamamiento oficial, que él aceptó. Trabajaría en el Southside Tabernacle durante 31 años.

Durante las décadas de 1930 y 1940, la predicación de Tozer llamó la atención en la zona de Chicago porque era diferente a otras. Mientras otros ofrecían esbozos bien preparados y análisis lingüísticos exhaustivos, Tozer guiaba a sus oyentes a un encuentro con Dios. Evitaba adrede todo recurso artificial en su predicación, las tonterías religiosas o las cosas triviales, centrándose en cambio en temas que tenían una importancia espiritual muy elevada para sus oyentes. Las tendencias pasajeras nunca se expusieron en su iglesia, y la gente se marchaba a sus casas imbuidos de la sensación inquietante de haber estado en la presencia inmediata de Dios.

Los sermones de Tozer eran cálidos y vivos, y se esforzaba por no parecerse a otros predicadores. No quería que sus sermones *sonaran* a sermón, de modo que los estructuraba más como artículos de revistas, en los que enseñaba principios espirituales en vez de recitar las exégesis de los versículos. Con frecuencia sus oyentes tenían la sensación de que había abierto un grifo de agua y, cuando ya había bastante, lo cerraba. Empezaba leyendo el pasaje, que solía ser breve, y luego decía: "Ahora quisiera hacer unos comentarios a modo de introducción". Entonces, sin que el oyente se apercibiera de cuánto tiempo había transcurrido, decía: "Bueno, veo que ya se ha acabado el tiempo. Me detendré aquí y seguiré esta noche".

La preparación de los sermones era un proceso constante para Tozer. Sin importar si iba en tranvía o en tren, o si alguien le llevaba con el coche a una cita al otro lado de la ciudad. Se aposentaba en su asiento y de inmediato sacaba un libro. Podía tratarse de un libro que estuviera leyendo en aquel momento o una libreta de espiral en la que iba apuntando notas para su sermón. Se pasaba el día leyendo, estudiando, pensando y escribiendo.

En 1939, la familia de Ada y A. W. Tozer ya contaba con seis hijos. Después de un intervalo de nueve años, los Tozer dieron la bienvenida a su hogar a una hija, Becky. Más adelante Tozer reflexionó sobre aquel momento importante en un sermón, diciendo: "Era un bebé encantador. Después de criar a seis hijos, que fue como intentar controlar a un rebaño de búfalos, aquella señorita refinada y femenina llegaba a casa con todos sus vestiditos plisados. Ella y yo nos hicimos amigos del alma desde el primer día que vi su carita roja al otro lado del cristal, en el hospital. Cuando nació yo tenía 42 años".

En 1943, Tozer escribió su primer libro, *Wingspread*, la biografía de Albert B. Simpson, fundador de la Alianza Cristiana y Misionera, la denominación de Tozer. En 1946 fue elegido vicepresidente de esta institución, un cargo que desempeñó durante cuatro años. En 1946 escribió *Deja ir a mi pueblo*, la historia del misionero Robert A. Jaffray, pionero de la obra de la Alianza en Indochina e Indonesia, y que murió durante los últimos días de la Segunda Guerra Mundial en un campo de concentración japonés. En 1948 escribió *La búsqueda de Dios*, que acabó siendo su tratado espiritual más conocido.

En 1950, dos años después de la publicación de *La búsqueda de Dios*, a Tozer lo nombraron editor de *Alliance Weekly*, la publicación de la Alianza Cristiana y Misionera. Ese mismo año escribió *La conquista divina*, en la que exhorta a los creyentes en Cristo a permitir que el Espíritu Santo cruce el umbral de su personalidad e inspire sus almas. En 1953, a esa obra le siguió *Nacido después de medianoche*, una colección de editoriales que había escrito para *Alliance Life*.

En 1954 concluyó el primer mandato de Tozer como editor de *Alliance Life* y, para consternación de la congregación, presentó su dimisión. A pesar de esto, cuando la junta de la iglesia se reunió aquel año, Tozer permitió que lo reeligieran. Bajo el liderazgo de Tozer se duplicó la circulación de la revista, y siguió siendo editor de esta publicación hasta su muerte. Más que cualquier entidad aislada, *Alliance Life* encumbró a Tozer como portavoz de la Alianza Cristiana y Misionera, y de la iglesia evangélica en general. Muchísimos de sus lectores no pertenecían a su denominación.

En 1955, Tozer publicó *La raíz de los justos*, una colección de sus editoriales anteriores para *Alliance Life*. En 1957 publicó *Keys to a Deeper Life*, una serie de artículos que Tozer escribió para una revista cristiana. En 1958, *The Alliance Weekly* se convirtió en *The Alliance Witness* que, a su vez, en 1987, adoptó el nombre *Alliance Life*.

A finales de la década de 1950, el vecindario que rodeaba a la Southside Alliance Church se había deteriorado hasta el punto de que la junta sintió la necesidad de mudarse. Tozer estuvo de acuerdo en que el traslado era la única solución, pero no aceptó ser el líder de esa migración. Ya había pasado por un programa de construcción 22 años antes y, ahora, a los 62 años, no le apetecía cargar con la responsabilidad de otro. Por lo tanto, el 27 de junio de 1959 dimitió como pastor.

Poco después, la Avenue Road Church en Toronto, Canadá, solicitó a Tozer que fuera su pastor. Al principio este rehusó, pero más tarde aceptó la oferta del superintendente de aquella iglesia de predicar dos veces cada domingo, y permitir que un pastor más joven llevase todas las otras responsabilidades eclesiales. Al hacerlo, Tozer aceptó ser el pastor docente de la iglesia durante "unos meses", periodo que acabó convirtiéndose en cuatro años.

En 1960, Tozer publicó *Perfeccionando la vida cristiana*, la tercera y última recopilación de sus editoriales de *Alliance Life*. En 1961 publicó *El conocimiento del Dios santo*, un estudio sobre los atributos de Dios que muchos consideran su mayor logro literario. También concluyó *The Christian Book of Mystical Verse*, una compilación de los escritos de muchos de los santos a los que admiraba. Tenía intención de escribir un libro más sobre la adoración, pero no vivió lo bastante como para acabar ese proyecto.

En verano de 1962, Tozer regresó brevemente a Chicago para la Life Investment Conference de la Alianza, donde predicó ante 1200 jóvenes procedentes de toda Norteamérica. En mayo de 1963, Tozer experimentó cierto dolor en el pecho. Su estado empeoró rápidamente y tenía la esperanza de que le dieran el alta el domingo 12 de mayo, a tiempo para predicar el sermón vespertino en el Alliance General Council, el 19 de mayo. Aquella tarde, Ada llegó al hospital para visitarlo y, a las diez de la noche, le dio su último beso de buenas noches.

Una hora más tarde, una enfermera acudió para comprobar el estado de Tozer y descubrió que padecía otro ataque cardiaco. Los esfuerzos del personal por estabilizar su estado no tuvieron éxito y, poco después de medianoche, el domingo 12 de mayo de 1963 (menos de una semana después de predicar su último sermón), Aiden Wilson Tozer se encontró "alejado del cuerpo y en el hogar con el Señor". Fue enterrado en el cementerio Ellet de Akron, Ohio, y su tumba la señala un simple epitafio: "A. W. Tozer, un hombre de Dios".

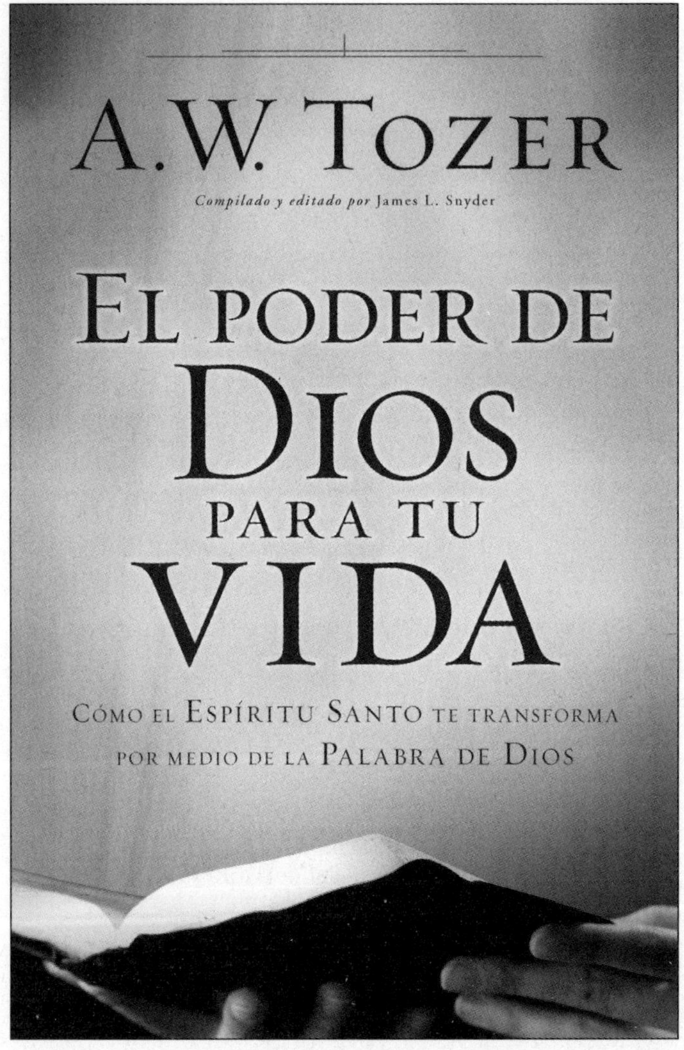

A. W. Tozer, uno de los más profundos pensadores y pastores de la iglesia del siglo XX, creía que la lectura de la Biblia no era suficiente: la Palabra tenía que hacerse realidad en la vida del cristiano. No basta con leer las Escrituras y tratar de obedecer sus mandatos; antes bien, para vivir en el poder de la Palabra es necesaria una transformación llevada a cabo por el Espíritu que hace que la Palabra se incorpore en la vida del creyente.

En *El poder de Dios para tu vida*, una obra nunca antes publicada, Tozer enseña a los lectores cómo permitir que el Espíritu Santo les transforme mediante el estudio de la Palabra de Dios.

Esta es una colección nunca antes publicada de las enseñanzas del libro de Hebreos, adaptadas de los sermones predicados por Tozer.

Este pastor y maestro de renombre examina en las páginas de este libro lo que significa vivir en la presencia de Dios. Únete a él para explorar el repaso histórico presentado en esta epístola, y verás tus propias luchas retratadas en las "historias de héroes" relatadas en ella. Por medio de la enseñanza y los comentarios perspicaces de Tozer, esta antigua carta invita a los creyentes de hoy a entender y experimentar la presencia de Dios en su vida.

EDITORIAL
PORTAVOZ

NUESTRA VISIÓN

Maximizar el efecto de recursos cristianos de calidad que transforman vidas.

NUESTRA MISIÓN

Desarrollar y distribuir productos de calidad —con integridad y excelencia—, desde una perspectiva bíblica y confiable, que animen a las personas a conocer y servir a Jesucristo.

NUESTROS VALORES

Nuestros valores se encuentran fundamentados en la Biblia, fuente de toda verdad para hoy y para siempre. Nosotros ponemos en práctica estas verdades bíblicas como fundamento para las decisiones, normas y productos de nuestra compañía.

Valoramos la excelencia y la calidad
Valoramos la integridad y la confianza
Valoramos el mérito y la dignidad de los individuos y las relaciones
Valoramos el servicio
Valoramos la administración de los recursos

Para más información acerca de nuestra editorial y los productos que publicamos visite nuestra página en la red: www.portavoz.com